红色经典系列丛书

八一起义

李　玉　主编

合肥工业大学出版社

图书在版编目(CIP)数据

八一起义 / 李玉主编. —合肥：合肥工业大学出版社,2012.12
(红色经典系列丛书)
ISBN 978-7-5650-1153-5

Ⅰ.①八… Ⅱ.①李… Ⅲ.①南昌起义—史料 Ⅳ.①K263.106

中国版本图书馆 CIP 数据核字(2013)第 005200 号

八一起义

李玉 主编 责任编辑 郝共达

出 版 合肥工业大学出版社
地 址 合肥市屯溪路 193 号
邮 编 230009
网 址 www.hfutpress.com.cn
E-mail hfutpress@163.com
发 行 全国新华书店

版 次 2012 年 12 月第 1 版
印 次 2024 年 1 月第 2 次印刷
开 本 787 毫米 ×1092 毫米 1/16
印 张 14.25
字 数 340 千字
印 刷 合肥瑞丰印务有限公司

ISBN 978-7-5650-1153-5 定价：59.50 元
如有影响阅读的印装质量问题,请与出版社市场营销部联系调换。

目 录

历史篇

人物篇

纪念篇

历史篇

一、八一南昌起义纪实

1927年8月1日，根据中国共产党中央委员会的决定，在以周恩来为书记的中共前敌委员会的领导下，在贺龙、叶挺、朱德、刘伯承等人的直接指挥下，2万余北伐军在江西省南昌市举行了震惊中外的“南昌起义”，打响了武装反抗国民党反动派的第一枪，宣告了中国共产党独立领导革命武装斗争的新时期的开始。

1926年5月，以共产党人为骨干的第四军叶挺独立团等部进入湖南，拉开了北伐战争的序幕。

7月1日国民政府发表《北伐宣言》后，北伐军正式出师向湖南、湖北进军。叶挺率领的以共产党员为骨干的国民革命军第四军独立团，在友军的配合下，英勇战斗，连战皆捷，取得了汀泗桥、贺胜桥战斗的胜利，被誉为“铁军”。10月，北伐军攻克武昌，很快控制了长江流域的广大地区。

正当北伐军节节胜利，共产党在各个战场上浴血奋战的时候，蒋介石背叛了革命。1926年11月，北伐军占领南昌后，担任国民革命军总司令的蒋介石，以南昌为中心，紧锣密鼓地同内外反动派相勾结，逐步露出了反革命的狰狞面目。

1927年3月11日，在蒋介石的指使下，赣州总工会委员长、共产党员陈赞贤惨遭杀害，左派掌握的南昌国民党党部也被解散。

1927年4月12日凌晨，在蒋介石的指使下，上海青帮流氓臂戴“工”字袖标，举着步枪木棍，向工人纠察队突然袭击，工人纠察队奋起抵抗。这时，大批国民党反动军队包围过来，声称要“调节工人内讧”，强行收缴了工人纠察队的武器，并和青帮流氓一起大打出手，屠杀工人，120多名工人惨死。这一血腥罪行激怒了上海的工人群众。第二天，在闸北，10万工人冒着大雨集合，举行了声势浩大的集会游行；当游行队伍走到宝山路时，早已埋伏好的反动军队突然开枪，100多名工人当场被打死，受伤无数。这就是震惊中外的“四一二”反革命政变。

随后，上海每天都有成批的共产党员和群众被捕，仅三天时间，就有500多人被捕，5000多人失踪。共产党员陈延年、赵世炎、汪寿华等惨遭杀害。

继“四一二”反革命政变之后，江苏、浙江、安徽、福建、广西和广东省的反动派也对共产党人和革命群众进行大屠杀，仅广东一地，被捕者即达2100余人，其中包括著名的共产党人萧楚女、熊雄等。

与此同时，北方的奉系军阀也在北京逮捕了大批共产党员及革命者，他们绞杀了中国共产党的主要创始人和领导者之一的李大钊。

这时的武汉政府还保持着国

府。不顧國民黨中央執行委員會的決議，他仍然還是帶領很多軍事勢力。他想欺騙民主主義的民族份子，散布反對武漢的謠言，說國民黨已經成為共產黨的工具。他以及他所代表的階級已經變為帝國

蔣介石屠殺上海工人記實

四月十二日蔣介石軍隊圍繳上海總工會糾察隊及十三日屠殺示威遊行工人之事件，可算中國近年革命運動的一個最重要的關鍵。以前帶革命假面具的蔣介石及其所代表的資產階級，經過這一事件之後，完全表現出他們已經退出革命的戰線，而投降於帝國主義了。所以我們應該十分仔細認識這一事件。

上海工人三月暴動之經過已略見上期本報。暴動成功後，上海總工會糾察隊武裝起來，編成二千七百多人，共有槍枝一千七百餘，

國際編譯（第一百九十四期）

媒体关于“四一二”反革命政变的报道

革命群众在上海街头横遭逮捕

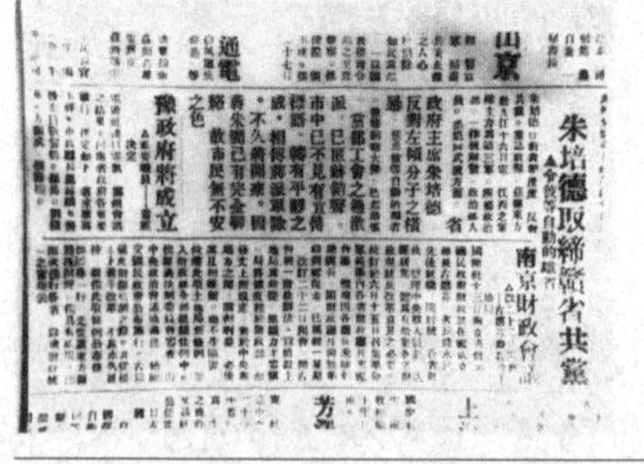

朱培德驅逐贛省共黨

媒体对朱培德礼送共产党员出境的报道

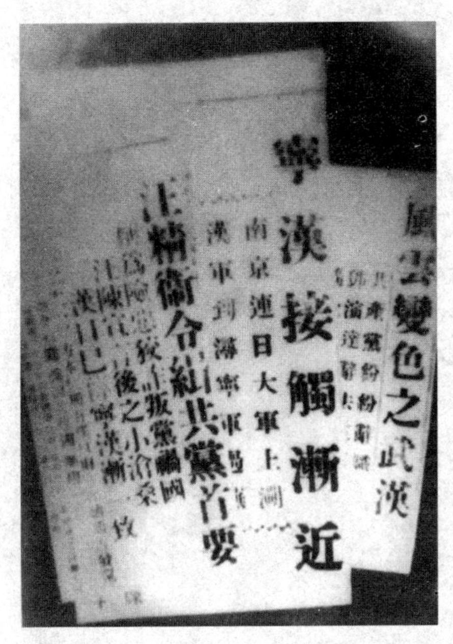
风雲變色之武漢

寧漢接觸漸近

媒体对“七一五”反革命政变的报道

共合作，4月发布命令，开除蒋介石的国民党党籍，免去他的一切职务，并下令通缉。在革命功败垂成、千钧一发的历史关头，迫切要求共产党制定正确的政策挽救革命。

毛泽东在出席武昌中央农民运动讲习所追悼湖北阳新、江西赣州死难烈士的大会时，就指出要以武力反击敌人的进攻。4月，周恩来等联名给中共中央写信，建议迅速出师讨伐蒋介石。中共中央秘书长蔡和森在毛泽东的家中，接连写了几封信给中共中央，建议中央检查自己的军事力量，准备武装起义。

可是，中国共产党内以陈独秀为代表的右倾错误领导者，对于国民党右派的进攻一味妥协退让，助长了武汉国民党右派的反动气焰。1927年7月15日，汪精卫在武汉宣布“分共”，公开叛变革命。街头贴出了“宁可错杀千人，不可使一人漏网”的标语，大批共产党员和革命群众惨遭屠杀，轰轰烈烈的大革命惨遭失败。1927年3月到1928年上半年，被杀害的共产党员和革命群众达到31万余人。

周恩来等给中共中央的意见书

但是，中国共产党和中国人民并没有被吓倒、被征服、被杀绝，“他们从地下爬起来，揩干净身上的血迹，掩埋好同伴的尸首，又继续战斗”。国民党反动派的刺刀，使中国共产党人懂得了枪杆子的重要性。

1927年7月上旬，根据共产国际的指示，中共中央进行改组，成立了由张国焘、周恩来、李立三、李维汉、张太雷五人组成的中央临时常务委员会，停止了陈独秀的领导职务。

7月13日，中共中央发表《对政局宣言》，揭露了武汉的汪精卫集团对革命的背叛。宣布“本党党员退出国民政府”，号召“国民党党员群众及一般民众反对背叛革命的国民党政府”。紧接着，中共中央临时政治局常委会确定了土地革命和组织民众武装暴动的新政策。一方面，发动湘鄂粤赣四省举行秋收暴动；另一方面，以共产党所掌握和影响的部分北伐军为基本力量，联合武汉国民党第二方面军总指挥张发奎重回广东，以建立新的革命根据地，实行土地革命。

当时，中国共产党掌握和影响的武装力量，主要在张发奎率领的第二方面军中。其中包括叶挺率领的第十一军第二十四师，贺龙率领的第二十军，第四军第二十五师，第十一军第十师，朱德领导的第三军军官教育团，以及中央军事政治学校武汉分校、武昌农民运动讲习所农政训练班、广东农军等革命武装。

当国民革命军第二方面军陆续抵达九江及其附近时，总指挥张发奎还滞留在武汉，与汪精卫过从甚密，日益右倾。中共中央鉴于形势的严峻，及时调整了政策，确定了部队举行武装起义、独自南下广东的方针。中共中央派李立三、邓中夏等同志去九江指导工作，了解形势。接着，中共中央军事部部长周恩来又指定聂荣臻为书记，贺昌、颜昌颐为委员，组成前敌军委，先去九江通知我们的同志，叫他们了解中央的意图，做好起义的准备。

7月20日，谭平山、李立三、邓中夏、吴玉章、叶挺、聂荣臻等重要领导人在九江举行谈话会。他们分析了形势，认为张发奎态度右倾难以合作，共产党所领导和掌握的部队面临着被反动军队包围的危险。因此，应该抛弃“依张回粤”的政策，在军事上独立行动，赶紧把部队集中到南昌，举行武装暴动；政治上公开反对武汉、南京两政府，建立自己的新政权。会议决定将上述意见报告中央，待中央下达命令后立即行动。7月23日晚，李立三、邓中夏、谭平山、恽代英举行第二次九江谈话会。会上提出，在军事方面，军队要在7月28日以前集中到南昌，28日晚上举行暴动；在政治方面，组织中国国民党革命委员会，与南京、武汉国民党中央党部和政府相对立。会议决定将讨论结果急电中央，以求批准。

7月24日（或25日），中共中央临时政治局常务委员会在武汉举行常委会议，研究南昌起义问题。最后决定，以国民党革命委员会名义在南昌举行武装暴动，随后立即南下，占领广东，取得沿海口岸，在共产国际的援助下举行第二次北伐。中央决定，由周恩来、李立三、恽代英、彭湃组成中共前敌

周恩来

委员会，周恩来任书记，领导起义。

7月26日，周恩来肩负着全党的重托，在陈赓的陪同下，由武昌抵达九江。随后，举行了第三次九江谈话会。周恩来传达了中央关于武装起义和实行土地革命的决定。会议确定，立即进行军事准备，把起义部队集中到南昌，并派邓中夏回武汉将详细计划报告中央。7月27日，周恩来、李立三、彭湃等齐赴南昌。就这样，举行南昌起义——一个历史性的伟大决策形成了。

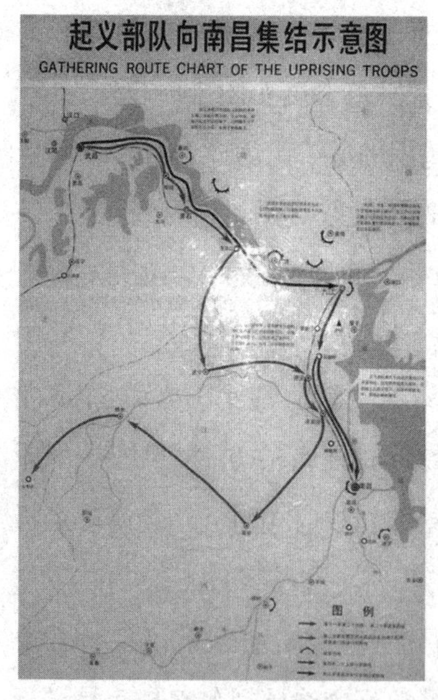

起义部队向南昌集结示意图

在中国共产党准备武装起义的同时，国民党武汉政府也加紧了军队中的“清共”活动。7月下旬，汪精卫叛变之后，贺龙领导的第二十军和叶挺领导的第十一军第二十四师集结于九江及其附近。这两支部队高涨的革命情绪，使汪精卫和张发奎震惊。7月24日，张发奎通知叶挺、贺龙到庐山参加军事会议，并将部队集中在德安；企图解除叶、贺兵权。第四军参谋长叶剑英得知军事会议将要“清共”的内情后，从庐山赶到九江，与叶挺、贺龙、高语罕、廖乾五在甘棠湖的一条小船上商定：叶、贺不去庐山开会；部队也不集中德安，而是由叶挺率第十一军第二十四师、贺龙率第二十军于25日乘火车直开南昌。

叶、贺部队于7月26日打着执行武汉政府“东征讨蒋”命令的旗号先后开赴南昌。当叶、贺部队乘火车向南昌集结行至涂家埠时,发现涂家埠通往南昌的大铁桥已被敌人破坏,许多马车、大炮不能过河。在当地党组织的组织下,数百名铁路工人连夜将桥修好。当部队通过大桥时,“打倒蒋介石”、“工人阶级万岁”的口号声响成一片。

叶、贺部队顺利抵达南昌,受到南昌人民的热烈欢迎。贺龙将指挥部设在南昌城的西北角中华圣公会开办的宏道中学内,叶挺则把他的指挥部设在心远中学内。

1927年初,朱德在南昌创办了第三军军官教育团,培养革命军事力量,后又兼任南昌公安局局长。6月,在朱培德礼送共产党员出境的形势下,朱德离开南昌,后又于7月中旬秘密潜返南昌,做了大量的起义准备工作。南昌起义时,朱德领导的第三军军官教育团部分学员参加了起义。

7月27日,周恩来来到南昌,当天晚上就住在朱德寓所(花园角2号),与朱德共商起义大计。第二天,周恩来搬到系马桩附近的省立女子职业学校。在那里,他和前委其他成员一起,以“炮兵营”为代号,领导整个起义。

这时先后到达南昌的还有彭湃、吴玉章、林伯渠、李立三等同志,以及原来位于武汉的广东农军600多人、武汉农政训练班70多人。

周恩来抵达南昌当日,即在江西大旅社的喜庆礼堂正式成立中国共产党领导起义的前敌委员会,周恩来为前委书记,委员有李立三、恽代英、彭湃。前委根据起义的准备情况,决定起义由原定28日晚改在30日晚举行。7月28日,周恩来在贺龙指挥部会客室将起义的计划告诉贺龙,并征求他的意见。贺龙坚定地表示:“我完全听共产党的话,要我怎样干就怎样干!”周恩来当即以前委名义任命贺龙为起义军总指挥。

刘伯承于7月底赶到南昌。他在辛亥革命时从军,参加了推翻清朝和反对袁世凯的战争。1926年加入中国共产党,根据党的决定,他在四川领导了

刘伯承

泸州起义，起义失败后到了武汉，任国民革命军暂编第十五军军长，随后到南昌参加起义。刘伯承奉前委指示住在贺龙指挥部，与贺龙共同拟定作战方案。

就在前委有条不紊地紧张进行起义准备的关键时刻，7月27日，张国焘以“中央代表”的身份赶到九江。他曲解共产国际和中共中央的指示，流露出对武装起义要重新讨论的意向，受到恽代英、贺昌等同志的激烈反对。大家一致表示，起义已势在必行，没有重新讨论的必要。张国焘只好表示到南昌再做决定。

因等候火车，张国焘在九江滞留两日。29日早晨和中午，他接连给在南昌的前敌委员会发出两份急电，说起义的事无论如何要等他到了以后再定。这时南昌起义已经是箭在弦上。前委果断决定：暴动决不能停止，准备工作继续进行。

30日早晨，张国焘和恽代英一起赶到南昌，前委立即召开扩大会议。与会者除前委成员外，还有谭平山、叶挺、周逸群。张国焘假借共产国际代表和中央的意见，提出起义如有成功把握，可以举行，否则不可动；并提出应征得张发奎的同意，否则也不可动。前委成员一致反对张国焘的主张，认为张发奎已受汪精卫包围，决不会同意我们的计划；中国共产党应站在起义的领导地位，再不能依靠张发奎；起义不能推迟，更不能停止。张国焘又辩称：“我还不知道这里的情形，加伦（前苏联军事顾问）意看可否推迟点。因这个运动关系我们几千同志的生命，我们应当谨慎。”周恩来愤怒地拍案而起，说：“‘国际’代表和中央叫我来主持这个运动，现在给你的命令又是如此，我不能负责了，今天特别委员会我也不出席了，我要即刻回汉口向中央报告。”谭平山大骂张国焘“混蛋”，要把他捆起来。周恩来制止他说：“张国焘是中央代表，怎么能捆呢。”

张国焘

7月30日这天争论数小时，因张国焘是中央代表，不能以多数决定，故起义只有推迟。

7月31日继续召开前委扩大会议，这时传来汪精卫、张发奎在庐山做出反共决定，以及九江的进步报纸《国民新闻报》和革命群众团体机关被封闭的消息。因叶挺、贺龙未去庐山开会，张发奎来电说8月1日要到南昌来，汪精卫和孙科也要来。在这种情形下，张国焘不得不同意举行起义。前委遂决定：起义定于8月1日凌晨4时举行。

此后，张国焘又提出宣言修改需要时间，起义再等一日。周恩来说：宣言由我来改。前委会还决定由叶挺起草作战命令，以贺龙的名义发表。作战命令内容：“我军为达到解决南昌敌军的目的，决定于明(一)日四时开始向城内外所驻敌军进攻，一举而歼之！”

举行起义的时间虽因张国焘的到来而推迟，但是起义的准备工作却一直没有停止。就在前敌委员会激烈争论要不要起义的时候，叶挺、贺龙已经分别按照预定计划，召集所部重要军官开会，传达中国共产党关于武装起义的决定，并作了战斗部署。

7月30日下午2时左右，叶挺在百花洲畔的第二十四师司令部所在地——一栋教学楼的教室里，召开营以上军官会议，到会的共有40多位青年军官。为了保密，在会场周围还布置了岗哨。会上，叶挺首先传达中国共产党关于起义的决定以及前敌委员会对于形势的分析，指出：宁、汉合流，已成定局，革命遭到严重的挫折；根据中共中央的决定，一部分领导人已赶

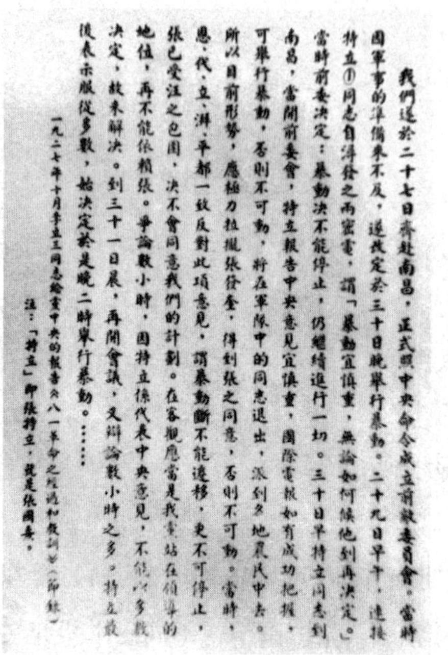
我們遂於二十七日齊赴南昌，正式照中央命令成立前敵委員會。當時因軍事的準備來不及，遂決定於三十日晚舉行暴動。二十九日早上，連接特立①同志自潯發之兩密電，謂「暴動宜慎重，無論如何候他到再決定。」當時前委決定：暴動決不能停止，仍繼續進行一切。三十日早特立同志到南昌，當開前委會，特立報告中央意見宜慎重，國際電報如有成功把握，可舉行暴動，否則不可動，將在軍隊中的同志退出，派到各地農民中去。所以目前形勢，應極力拉攏張發奎，得到張之同意，否則不可動。當時，恩、代、立、湃、平都一致反對此項意見，謂暴動斷不能遷移，更不可停止，張已受汪之包圍，決不會同意我們的計劃。在客觀應當是我黨站在領導的地位，再不能依賴張。爭論數小時，因特立係代表中央意見，不能以多數決定，故未解決。到三十一日晨，再開會議，又辯論數小時之多。特立最後表示服從多數，始決定於是晚二時舉行暴動。……

一九二七年十月李立三同志給黨中央的報告《八一革命之經過和教訓》（節錄）

注：「特立」即張特立，就是張國燾。

《李立三报告》中关于前委扩大会议争论的一段摘录

到南昌，准备实行武装暴动，挽救目前的危局。与会军官大多是共产党员，他们对前委的部署一致表示拥护。

接着师参谋长徐光英作了战斗部署，说明了敌人在南昌的兵力分布和敌我双方力量的对比情况，指出只要贺龙、叶挺两部紧密配合，协同作战，取得胜利是有把握的；但是，敌方可以增援南昌的军队，有的近在樟树、抚州一带，24小时即可抵达，远的也只要两天即可到达，如果敌军增援部队到达，战局就将复杂，造成下一步行动的困难，因而要求在一个夜晚即结束战斗。

与此同时，贺龙在第二十军指挥部也召开了团长以上军官会议。贺龙向到会的军官们说："今天召集大家来，有件重要的事情谈一谈。大家都知道，国民党已经叛变了革命，国民党已经死了。我们今天要重新树立起革命的旗帜，反对反动政府，打倒蒋介石。我们大家在一块都很久了，根据共产党的命令，我决定带部队起义。你们，愿意跟我走的，我们一块革命；不愿意跟我走的，可以离开部队。"在座的军官们当即表示："军长决定怎么办就怎么办，我们坚决跟着走。”贺龙高兴地说：“好，从今以后我们要听从共产党的领导，绝对服从共产党的命令。”接着，贺龙宣布起义的计划，下达了作战任务，并决定把部队中一些不可靠的下级军官换成共产党员。

为了在战斗打响后快速接近和消灭敌人，起义军各战斗部队以“移防”、“打野外”等名义进入战前阵地。

第二十四师第七十二团第三营和广东北江农军，负责协同攻打驻扎在永和门外新营房的敌第三军第八师第二十四团。第二十四师第七十一团第二营担任主攻天主堂的敌第六军第十九师第五十七团的任务。第二十军教导团主攻驻于大营房的敌第九军第二十七师第七十九团。第二十军第一师的部队负责主攻敌第五方面军总指挥部。这儿曾是清朝的藩台衙门，位于章江路。敌总指挥部与第二十军指挥部只有一街之隔，相距不到200米，里面驻有一个警备团，是朱培德的精锐之师。驻扎在其附近中华旅社和旅馆饭店一带的第一师第一、第二团，担负主攻任务。第二十四师第七十二团第二营负责主攻驻在贡院（现八一公园）的敌第三军第八师第二十三团。第七

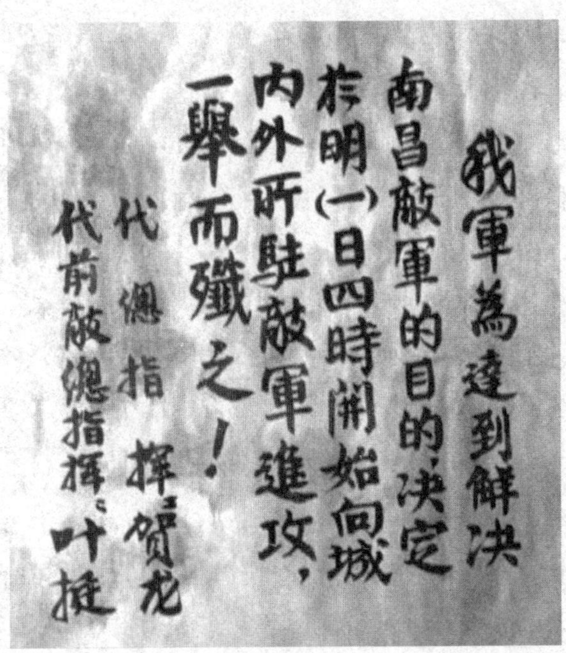

我軍為達到解決
南昌敵軍的目的，決定
於明(一)日四時開始向城
內外所駐敵軍進攻，
一舉而殲之！
代總指揮 賀龙
代前敵總指揮 叶挺

作战命令

十二团是由原第二十四师教导队改编而成的，团长为孙树成，第二营营长为李鸣珂。第二十军第二师第四团担任昌北牛行车站一带及牛行以北的警戒和歼敌任务。

除部队进行部署动员外，这一天还在党团员和学生、妇女等团体中做了布置。7月31日下午，中共江西省委在松柏巷盐义仓召开了省市党员和团员活动分子会议，传达党中央关于起义的决定，号召党团员积极带动全市人民参加斗争；省、市学生联合会和妇女团体，也在江南会馆开会，决定由学生联合会积极组织巡逻队，负责德胜门、永和门、顺化门、抚州门城头上的梭巡及协助起义军做通讯联络工作。同时，工人纠察队也参加了武装起义的活动。此外，李立三和陈赓还在这一天组织逮捕了一批反革命分子，并接管了江西银行。

起义军为了与敌军区别开来，规定：颈系红领带，夜间膀扎白毛巾为识别标志，马灯和手电筒上边贴上红十字为联络标记。起义的口令是“河山统一”。

7月31日，朱德遵照前委的部署，利用他在滇军中的威望和社会关系，把敌第三军第二十三团团长卢泽民、第二十四团团长肖日文和两名团副请到嘉宾楼喝酒，随后又邀他们去大士院32号打麻将。朱德与敌团长在大士院玩乐时，借机移去了他们的枪，起义战斗一打响，就把这些敌军官扣留，从而削弱了敌军的指挥力量，保障了

作战部署

贺龙率领的国民革命军第二十军负责攻打敌第五方面军总指挥部，占领江西省政府，歼灭大营房、牛行等处敌军，警戒南浔铁路，封锁赣江水道；叶挺率领的国民革命军第十一军，负责攻打敌南昌卫戍司令部，歼灭贡院、天主堂、匡庐中学、新营房、高升巷等处敌军。

朱德为团长的军官教育团学兵营，负责永和门内一带的警戒。

作战部署

起义的顺利进行。

当晚9时许，第二十军的一名战士发现一个副营长窜到敌军指挥部去了，这名战士警惕性很高，立即向上级报告。前委和起义总指挥部得到报告后，认定是出了叛徒，立刻决定起义提前2小时，于8月1日凌晨2时举行。

1927年8月1日凌晨2时，起义的枪声响彻了南昌夜空，周恩来、贺龙、叶挺、朱德、刘伯承领导的起义军2万余人向国民党反动派打响了第一枪。起义军各部按预定计划向敌人发动了攻击。

在西大街，进攻敌人总指挥部的战斗打得最激烈。当起义枪声提前打响时，负责主攻敌总指挥部的第二十军第一师的部队尚未进入战斗岗位，贺龙、刘伯承、周逸群齐聚距敌总指挥部不足200米的第二十军指挥部小楼台阶上，指挥战斗。为了防止敌人冲出驻地逃跑，贺龙命令军部特务营开枪封锁敌总指挥部大门。承担主攻任务的第一、第二团一赶到就发动正面强攻。由于敌军已有准备，又凭借院内制高点，集中火力封锁起义军的进攻要道——离敌营不远的鼓楼门洞，使起义军的进攻受阻。贺龙当即决定，在正面猛攻的同时，集中一部分兵力架起梯子占领制高点钟鼓楼及其附近的住房屋顶，居高临下，向敌营院内俯射；另一部分起义军则迂回运动到敌总指挥后院，翻墙入内，前后夹攻。这时，第二十军第二师第五团的一部分在歼灭朱培德公馆的警卫连后，也赶来助战。敌人被压缩在院内，无法还击，只得缴械投降。那个叛徒也从俘虏中被抓了出来。

主攻新营房之敌的第二十四师第七十二团第三营听到枪声后，立即向敌营发起冲锋。敌人还来不及摸到枪，有的甚至还在梦中，就做了俘虏。广东北江农军帮助收缴敌人的武器弹药，并把俘虏押到操场上。

攻打贡院之敌的是第二十四师第七十二团。该团团长孙树成听到枪声，即刻请示师部，得到批准后，立即率部向贡院发起进攻。第二营营长李鸣珂率部攻击贡院大门。敌人顽强抵抗，掩护一部分敌兵沿着与贡院毗邻的东湖边向北逃窜。行至不远，遭到起义军设在东湖对岸水观音亭的机枪

新营房战斗旧址

火力的堵截。敌军只好折向东面，向第七十二团团部方向猛扑，妄图冲出包围。这时，起义军原教导队队长陈守礼率领十几名学兵守卫团部，敌人以猛烈火力向大门扫射，企图冲过去，陈守礼率领学兵隐蔽在门口的石柱旁顽强阻击。正当陈守礼身负重伤，敌人趁机猛扑，李鸣珂率队从侧翼包抄过来，终于把这股敌人消灭。贡院内大股敌军在起义军的猛烈攻击下，也吹起表示投降的敬礼号。该团又乘胜占领了敌人设在佑民寺巷的修械所和弹药库。佑民寺位于南昌市民德路佑民寺巷，是具有千余年历史的佛教庙宇。

第二十四师所部还同时攻占了设在顺直会馆的敌卫戍司令部。这儿曾

陈守礼舍身克顽敌（水粉画）

敌卫戍司令部战斗(原顺直会馆，今南昌第二十中学)

是一座花园式庭院，院中有一个水牢，当时关押着100多个共产党员和革命群众，起义军攻进来后，把他们全部解救了出来。起义军还在这儿缴获了敌军库存的一批武器及其他物资。

第二十军教导团听到城内传来枪声，团长侯镜如当机立断，命令各总队提前发动攻击。早已隐蔽在敌营正门外的第一总队，马上向敌人发起进攻；第三总队在营房围墙的豁口处消灭了敌人的警戒，冲进营区；第二总队的官兵则登上板凳，翻过敌军营房的矮墙。各总队一齐冲向敌军营房。大部分敌兵还来不及还击就做了俘虏。俘虏们被成批押到操场上，枪支堆得像小山一样。起义军中的徒手新兵便全部武装起来。一部分俘虏要求参加起义军，当即和教导团的部分军官、学兵合编为一个补充营。战斗结束后，教导团又派人配合第二十军第二师第六团和第十一军第十师共同歼灭了驻在老营房之敌第九军第二十七师第八十团。

在松柏巷天主堂、匡庐中学，第二十四师第七十一团第二营与敌第六军第五十七团展开了激战。起义的枪声一响，敌军慌忙向外逃跑，刚走到松柏巷口，就遭到起义军的伏击，当场死亡十几人，不得不缩回去。敌人关起大门，调集机枪，封锁了松柏巷。由于巷道狭窄，无法隐蔽，起义军在冲击中也有20余人受伤。营长从队伍中挑选二十几个精悍官兵组成冲锋队，在猛烈的机枪火力掩护下，再次发动正面攻击。经过激烈争夺，终于迫使敌人放弃天主堂门口的工事，退回院内。这时迂回攻击的一个连翻过围墙跳进院中，前后夹击敌人，终于迫使敌人投降。

市内高升巷和昌北牛行车站等地的战斗也先后结束。整个战斗持续了四五个小时。战斗至黎明，南昌守敌全部缴械，缴获枪支5000多支、火炮数门、子弹70余万发。

8月1日，聂荣臻在九江、德安间的马回岭主持了第二十五师的起义。8月1日下午，从南昌方向发来一列火车，这是周恩来与聂荣臻事先约好的信号，表示南昌起义了。聂荣臻一看到这列火车，立即和第二十五师第七十三团团长周士第等商量起义，把第二十五师的队伍拉出来。当时，第二十五师参加到起义军行列的有第七十三团、第七十四团一个重机枪连和第七十五团。正当准备起义的部队秘密行动时，张发奎率领卫队营乘火车从九江驶来，聂荣臻率起义部队鸣枪警告，阻止火车向南昌方向开；张发奎、李汉魂跳下火车落荒而逃，卫队营被缴了械。第二十五师的起义部队星夜南下，于

天主堂战斗旧址

马回岭

翌日到达南昌。

南昌起义得到了南昌民众的大力支援，南昌市总工会组织工人纠察队，农民协会组织农民自卫军，帮助起义军运送武器弹药粮食物资，缝纫工人为起义军赶制军服，南昌人民还纷纷以物资和现金热情慰劳起义军。各界革命青年七八百人踊跃报名参军。

南昌起义胜利后，前委对起义部队进行了整编，共编为三个军。改编后的部队仍然使用国民革命军第二方面军的番号，贺龙任第二方面军兼代总指挥，叶挺任兼代前敌总指挥，刘伯承任参谋长，郭沫若任政治部主任，章伯钧任政治部副主任。

8月1日上午，以特别委员会的名义，召开了国民党中央委员及各省区、特别市、海外各党部代表联席会议。到会的有7名在南昌参加起义的中央委员，还有江苏、顺直、福建等各省区、特别市和海外华侨支部的代表共40余人，他们当中有些人是按中国共产党的指示专程赶来的。

会议首先由叶挺汇报起义经过，接着决定成立中国国民党革命委员会，并推举邓演达、张发奎、谭平山、陈友仁、吴玉章、彭泽民、林祖涵、贺龙、郭沫若、黄琪翔、恽代英、江浩、朱晖日、周恩来、张国焘、叶挺、张曙时、李立

三、徐特立、彭湃、苏兆征、宋庆龄、何香凝、于右任，经亨颐等25人为委员，由宋庆龄、贺龙、张发奎、邓演达、谭平山、郭沫若、恽代英等7人组成主席团。革命委员会下设：秘书厅、参谋团和财政、宣传、农工、党务委员会以及政治保卫处。会议宣告：国民党革命委员会将在短期内建立新的革命根据地，召开第三次全国代表大会，重新选举中央执行委员。

革命委员会成立后，随即举行了第一次会议，发布了一批重要命令：任命吴玉章为秘书长，刘伯承为参谋团参谋长，郭沫若为总政治部主任、宣传委员会主席，林祖涵为财政委员会主席，张国焘为农工委员会主席，张曙时为党务委员会主席，李立三为政治保卫处处长；任命贺龙兼代第二方面军总指挥、第二十军军长，叶挺兼代前敌总指挥、第十一军军长，朱德为第九军副军长；同时还免除了朱培德江西省政府主席的职务，任命姜济寰为江西省政府代理主席，8月2日即开始办公。

为了阐明起义的宗旨和纲领，起义前后，发表了一系列重要宣言，如《中央委员宣言》、《中央委员各省区特别市海外各党部代表联席会议宣言》、叶挺《告第二方面军同志书》、国民党江西省《执监委会对时局宣言》等。由宋庆龄等署名的《中央委员宣言》，是一篇声讨蒋、汪反动派的战斗檄文，宣言提出了七项主张，明确要求推举全党信任的领袖，重新组织临时革命领导机关。

8月2日下午，中国国民党革命委员会在贡院附近的公众体育场举行就职典礼，到会的有农工商学兵各界共数万人。各委员到齐后，各代表即公推韩麟符授印并报告革命委员会设立意义。李立三担任司仪。各委员授印后，宣誓就职。体育场上旌旗招展，欢声振天，充满革命气氛，民众高呼“打倒武汉政府”、“打倒反动军队”、“实现三民主义，完成国民革命”。

就职典礼之后，接着举行南昌军民联欢大会，庆祝八一起义的胜利。到会各界群众约200个团体5万余人。大会主席团由贺龙、叶挺、肖炳章、罗石冰、姜济寰等各界代表组成。大会主席团总主席贺龙发表了演说，他的讲话不时被雷鸣般的掌声所打断。烈日炎炎下，联欢会开了数小时，由此可见南

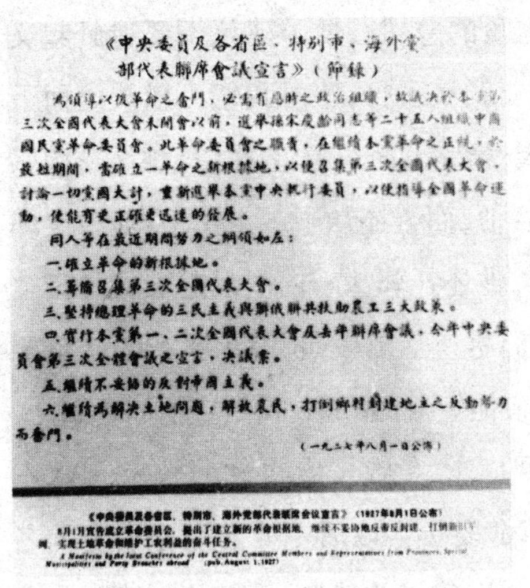

《中央委員及各省區、特別市、海外黨部代表聯席會議宣言》（節錄）

為領導以後革命之奮鬥，必需有應時之政治組織，故議決於本黨第三次全國代表大會未開會以前，選舉孫宋慶齡同志等二十五人組織中國國民黨革命委員會。此革命委員會之職責，在繼續本黨革命之正統，於最短期間，當確立一革命之新根據地，以便召集第三次全國代表大會，討論一切黨國大計，重新選舉本黨中央執行委員，以便指導全國革命運動，使能有更正確更迅速的發展。

同人等在最近期間努力之綱領如左：

一、確立革命的新根據地。

二、籌備召集第三次全國代表大會。

三、堅持總理革命的三民主義與聯俄聯共扶助農工三大政策。

四、實行本黨第一、二次全國代表大會及去年聯席會議，今年中央委員會第三次全體會議之宣言，決議案。

五、繼續不妥協的反對帝國主義。

六、繼續為解決土地問題，解放農民，打倒鄉村封建地主之反動勢力而奮鬥。

（一九二七年八月一日公佈）

《中央委员及各省区、特别市、海外党部代表联席会议宣言》（1927年8月1日公布）

8月1日宣告成立革命委员会，提出了建立新的革命根据地，继续不妥协地反帝反封建，打倒新旧军阀，实现土地革命和维护工农利益的奋斗任务。

A Manifesto by the Joint Conference of the Central Committee Members and Representatives from Provinces, Special Municipalities and Party Branches abroad (pub. August 1, 1927)

中央委员及各省区、特别市、海外各党部代表联席会议宣言

革命委員會委員就職盛典紀

南昌市軍民聯歡大會

革命委员会就职典礼和军民联欢大会盛况的报道

昌民众的革命热情。

南昌起义的爆发，使国民党反动派各集团大为震惊，并随即调兵遣将，欲置起义军于死地而后快。在南昌面临反革命势力包围的情况下，前委决定：起义军按原计划退出南昌，进军广东，建立广东根据地。

南昌起义爆发的当天，汪精卫等便得到消息，立即召集军事会议讨论应付办法。第二天，武汉政府电令张发奎“即督饬所部，赶紧进剿，务获元凶，并将所有煽乱附逆之共产党员，一体拿办”；并命令第五方面军总指挥朱培德“即饬驻在赣东赣南各处驻军，严密兜剿，勿任逃逸”；命令第四集团军总司令唐生智“抽调湘鄂驻军，合力围剿”。8月8日，武汉国民党中央又召集所谓“政治会议”，决定凡列为革命委员会委员的共产党员一律通缉拿办，其跨有国民党党籍者一律开除，列为国民党执监委员及候补委员者，一律免职。汪精卫为首的武汉政府虽然竭力叫嚣“合力围剿”起义军，但在实际上却始终没有形成统一的军事行动。

张发奎在南昌起义爆发后，召集部将商讨对策。第四军参谋长叶剑英

利用张发奎想回广东和李济深争夺地盘的急切心情，建议不要追赶起义军，“让共产党去占领东江，李济深就要调兵去打，这时我们可以乘虚而下广州”。张发奎采纳了这个建议。当天，第二方面军政治部主任郭沫若向张发奎提出要去南昌时，张发奎没有阻拦他，而且还帮了一点小忙：他建议郭沫若当晚动身，因他马上要下戒严令。他还托郭沫若向南昌起义领导机关转达他的几点意见：“第一，我希望他们尽速退出南昌，因为我的部队也要到南昌去，免致发生冲突。第二，我听说他们要回广东，我希望他们走东江，不要走赣南，因为我的部队要走赣南回广东，免致发生冲突。第三，河水不犯井水，我们彼此不相干犯，我希望革命委员会以后不要再用张发奎的名义，做傀儡我不来。第四，我对政工人员一律以礼遣散，希望他们不要伤害了我的人。”因此，在实际的军事行动中，张发奎对武汉政府采取了敷衍的办法。8月5日，得知起义军已于“五号由南昌开拔完毕”之后，张发奎“进剿”的态度才真正积极起来。

朱培德的部队就驻扎在江西，但他对进剿起义军的事毫无反应，直到8月11日，才姗姗“自浔抵省，收拾残局”。

唐生智在南昌起义后首先想到的是保存自己的实力和地盘，因而“一兵一卒也未向南昌方面抽调”。

在武汉政府内各派乐得“拱手相送”起义军挺进广东时，蒋介石集团对于和江西接壤、历来军政变动相互影响的战略后方广东，却不敢掉以轻心，立即采取相应措施，紧急指令李济深调兵遣将，加强粤、湘和粤、赣边界警戒，并主动进逼赣境，准备阻截起义军。

8月3日至5日，起义军分批撤离南昌。由于部队撤离仓促，也由于南昌四周敌军的堵截，原定参加起义的第二方面军总指挥部警卫团、中央军事政治学校武汉分校学员、第二十六师的一部分以及湖南农军等，均未能赶到。在赣西地区，也曾有部分农民武装准备迎接和响应起义部队，但因起义部队行经赣东而未能与之会合。

8月3日，朱德率领第九军冒着小雨，首先出发，向抚州方向前进。南昌市民夹道相送。由曾延生、刘九峰等组成的革命委员会粮秣管理处也随第九军出发，负责安排大军食宿。

8月4日至5日，第十一军、第二十军分为左、右两路纵队先后出发，革命委员会各机构人员随第二十军指挥部前进。

最后一批起义部队撤出南昌时，卫戍司令彭干臣同志指派副官长唐天际同志留下，了解一些敌人的情况，并设法与一支准备来参加起义的武装取得联系。

起义部队刚离开南昌，反动派就到处设立关卡，盘查行人，搜捕革命者，许多共产党员和革命群众被逮捕或遭杀害。在朱德担任南昌公安局局长时曾任公安局秘书的共产党员杨达就在这时牺牲了。

8月3日出发前，前敌总指挥叶挺在江西《工商报》上发表了《告第二方面军同志书》，阐明了此次南下的意义。

同时，中共中央还向广东、湖南、江西等省委发出指示，要求积极响应，广泛宣传，并大力组织革命斗争，支持起义部队南下。

起义部队出发南下时，正值盛夏酷暑，道路崎岖，战士们的负担又很重，伤病员逐日增多；再加上敌人的欺骗宣传，沿途农民躲避，导致部队给养困难。在这样艰苦的条件下，有一批不坚定分子开始离队叛逃。从南昌出发不久，蔡廷锴即率第十师脱离起义队伍，接着，第二十军参谋长陈浴新及第二十军第五团约700人叛逃。另外还有一些人动摇离队。

严酷的斗争生活考验着每一个人，经受住考验的就是真正的革命者。在当时的起义部队中，年龄最小的只有11岁，而年龄较大的50岁上下的也不少，如谭平山、彭泽民、林祖涵、廖乾五、方维夏、徐特立、高语罕、姜济寰等，他们被一起行军的同伴誉为“八仙”。

起义部队于8月6日至8日相继到达临川，在文昌桥头受到临川人民的热烈欢迎。全城各界民众集合在大道两旁，人人手执“欢迎起义军”、“打倒新军阀”的小旗，沿途妇女亲切地向战士们送茶送水，运输队抢着替战士们背行李、挑辎重，十分亲热。起义部队在欢呼声中和喧天的锣鼓鞭炮声中进了城，随即在曾家园召开了一次盛大的军民联欢大会。

前委在临川停留了五六天，一方面在此等待尚未赶来的部队，另一方面利用时间，整顿部队，并讨论了财政问题和改变行军路线等问题。前委决定到瑞金后改变行军路线，经福建汀州、上杭去广东东江；并在此正式组建了以新战士为主的第九军(实际兵力约一个营)和第二十军第三师，任命周逸群为第三师师长、徐特立为党代表。在中共临川县委的号召下，各界青年纷纷参加起义部队，后来随军南征的工农武装及青年学生共达400人，其中就有李井泉。

在南昌参加起义的军事政治学校武汉分校党的负责人陈毅和其他数百名同志在这里追赶上了起义部队。

在此之前，陈毅奉中共中央军事部的命令，率领武汉分校部分干部和学员，乘船东下，向九江、南昌一线集中。船到九江，部队被张发奎扣留。陈毅在学员中做了安排，组织了中共秘密党支部，随后他连夜化装赶赴南昌。到了南昌时，起义部队已经全部南下，陈毅避过盘查和搜捕，终于在临川追上了起义部队。

这时，有股土匪武装与起义军接头，要求给他们几百条枪，派人去领导。前委考虑，当后面敌人追来时，他们多少可以起点牵制作用，便决定陈毅和另一位同志去领导；结果受了他们的骗，差一点被敌人抓住。陈毅等只好又连夜追赶队伍，一个晚上走了50多里，赶到宜黄，才重新赶上起义部队。

前委书记周恩来亲自分配陈毅到号称“铁团”的主力部队第二十五师第七十三团去当指导员，并笑着对他说：“派你干的工作太小了，你不要嫌小。”陈毅爽朗地回答说：“什么小不小哩！你叫我当连指导员我也干，只要拿武器我就干。”

临川文昌桥

从临川出发以后，起义部队中普遍加强了政治教育和宣传鼓动工作，印发了兼代第二方面军总指挥贺龙《告全体官兵书》，向指战员阐明了革命对解放贫苦工农的意义，草拟《土地革命宣传大纲》，宣传党对开展土地革命的决心和政策；还在各部队召开了党员大会和革命军人大会，由领导同志亲自作报告，政治部还组织了宣传小分队，沿途开展宣传鼓动；同时在组织上也做了一些人事调整，加强了党的基层工作。这些都使部队的状况得到了进一步改善。

起义部队向广东进军，使广东的国民党军阀极为惊恐。8月8日，以讨共为目的的第八路总指挥部在韶关成立。敌钱大钧率四个师，黄绍竑率两个师，急忙从粤北分两路进入赣南堵截。

8月25日，起义部队在瑞金壬田，发现敌钱大钧部第二十四师王文翰的两个团，企图阻挠起义部队南进。贺龙决定利用黄绍竑的部队还来不及到达瑞金的时机，发动进攻。他不等叶挺第二十四师到达，就命令第三师向敌人发起攻击，朱德的第九军也投入战斗。

朱德来到阵前，一边指挥，一边射击，他用两支马枪交互射击敌人。参谋长冉国平也用驳壳枪射击敌人，不幸被流弹击中；但他不肯下火线，继续战斗，最后英勇牺牲。在这次战斗中阵亡的还有贺龙的族弟贺文选。

敌军虽仅两个团兵力，但装备精良，依据已构筑的工事，以猛烈火力封锁了起义军攻击的通路。起义军奋不顾身地边冲击边前进，经过3个多小时的激战，敌军溃退，起义军乘胜攻击，进入壬田，第二天占领了瑞金城。壬田战斗是起义军南下的第一次规模较大的战斗。

部队在瑞金从缴获敌人的文件中得知，钱大钧等部集中了10多个团的兵力于会昌，占据有利地形，构筑工事，妄图截击起义军。为了保证行军安全，免除后顾之忧，前委决定先破会昌之敌，扫除障碍，然后折向福建再挺进潮州、汕头。

会昌城离瑞金约90里。敌军在会昌一带的部署是：钱大钧指挥新编第一师、第二十师和第十八师以会昌城为中心，在城东北、城西北、城西一带高地以及城东南方向环绕县城的贡水沿岸构筑工事；黄绍竑的一个师已进至于都至会昌间的白鹅圩一带，并有继续向会昌靠拢之势，企图与会昌之敌两面夹击起义军。

起义军攻取会昌的部署是：第十一军两个师绕道会昌西北方向约60里的西江、洛口一带，迂回敌后，主攻会昌，主要目的是从外围攻击、消灭敌军

江西瑞金壬田

会昌战斗
（油画）

的有生力量，打破其防线；由朱德指挥第二十军第三师和第二师的第五团，在城东北方向正面发动佯攻；贺龙指挥第二十军其余部队由瑞金出发，正面攻击会昌，并策应各方。预定8月30日拂晓发动攻击。

第三师以及第二师第五团，于29日晚即由瑞金向会昌方向运动，凌晨到达城东北，在从河边到山腰约数千米的正面拉开战线。上午7时，朱德、周逸群在前沿阵地指挥官兵向在山下平坝子里集合的敌军瞄准射击，会昌战斗就此打响。周恩来、刘伯承、叶挺、聂荣臻等都在前沿阵地附近的一个山头负责全面指挥战斗，调度兵力。敌军射来的炮弹不时在指挥所四周爆炸。

佯攻部队打响后，主攻部队未能按预定计划进入阵地。敌军便以强大兵力压向起义军第三师和第二师第五团阵地，连续发起强攻。由于缺乏适当的工具构筑工事，起义军官兵在山头上无掩蔽作战，伤亡相当严重。在最紧急关头，第三师指挥部的工作人员也都全部参加战斗，年已50岁的第三师党代表徐特立也要求参战。由于第三师及第五团的顽强战斗，牵制住大量敌人，有力地配合了第十一军方面的进攻，使起义军赢得了战斗的主动权。

朱德指挥的第二十军佯攻部队在城东北方向打响后一个多小时，第十一军第二十四师占据了城西一带敌军阵地外围的高地，并发起阵地攻坚战，大量地消灭了敌人的有生力量；但是，敌军势众，又有工事依托，起义军方面进展不大。主攻部队中的第十一军第二十五师是大军南进的后卫队，赶到瑞金时已经很晚，当天又根据参谋团的部署连夜绕道洛口方向攻击会昌，在夜色中迷失了方向，未能按预定计划进入阵地。直到30日将近中午时分，第二十五师才赶到前线。周恩来、刘伯承、叶挺、聂荣臻立即向师长周士第和党代表李硕勋下达战斗任务。该师即在城西北岚山岭一带主阵地外围散开，从敌军侧背全力展开进攻，同时派人往左翼与朱德取得联系。敌军依靠坚固工事、精良武器、强大火力，顽强阻击第二十五师的进攻。第二十五师官兵们冒着密集的弹雨，一次又一次地发动猛烈攻击，艰难地、一步一步地逼近敌阵；同时，第十一军、第二十军各参战部队也配合一致，向敌军展开全线猛攻。激战到下午，都有不同程度的进展，敌军开始败退。第二十五师首先拿下敌军主阵地，接着起义军全线出击，于下午四五点钟攻克会昌城。第二十四师一部及朱德所部乘胜追击钱大钧残部，直至会昌南约30里而归。

会昌战斗，起义军以少胜多，是南进途中的一个大胜仗。这次战斗共俘虏敌官兵900余人，缴获大批枪支和军需物资。敌右路军总指挥钱大钧仓皇而逃，连自己坐的轿子也扔了。

这几次战斗证明，起义军是非常勇敢的；但指挥员因为年轻，缺乏战斗指挥经验，碰到敌人就是硬拼，往往一仗下来，把敌人赶跑了，歼敌不多，自己却伤亡很大。会昌战斗虽然击溃了钱大钧的主力，但起义军伤亡1000余人，干部伤亡也很大，部队战斗力受到削弱，陈赓同志在这次战斗中也负了重伤。这是第一次会昌战斗。

占领会昌后第三天，即9月2日，又有了第二次会昌战斗。驻在洛口的黄绍竑，由于没有得到钱大钧失败的消息，率2000余人从会昌西北原起义军的进攻方向向会昌城奔来。起义军第二十四师和第二十五师的迎击出乎敌人意料，黄绍竑部被起义军击溃。

会昌战斗后，起义部队陆续返回瑞金，从8月26日至9月2日，起义部队在此做了短暂的休息，前委和革命委员会在这里对土地革命的政纲进行了深入的讨论，调整了革命委员会的成员。鉴于国民党蒋介石、汪精卫集团已经完全反动，前委决定抛弃国民党的旗号，建立无产阶级领导的工农政权，革命委员会取消了原来徒有虚名的国民党委员的资格，增补了顾顺章、王荷波、朱德等为委员，正式取消了贺龙“兼代第二方面军总指挥”衔中的“兼代”二字，这是南征途中抛弃国民党旗帜的重大行动。确定了没收地主土地不受亩数的限制，实行“耕者有其田”的土地革命纲领等。贺龙、郭沫若、彭泽民等人在瑞金绵江中学举行了宣誓，光荣地加入了中国共产党。前委还帮助地方党建立了第一个中共瑞金县党支部。

9月上旬，部队进入福建长汀。这时，南昌起义的影响迅速扩大，闽西一带和广东各地的工农群众热烈响应；长汀医院的代理院长傅连暲医师，自动组织当地青年和医护人员，对起义军的伤病员进行治疗。陈赓同志的伤腿就是由傅连暲的“保守疗法”保住了的。领导机关加强了宣传工作，在街头巷尾写了大量的革命标语，“革命者来”就是其中一条。

起义军在长汀期间，前委召开会议，再次讨论有关重大政策和军事行动问题。关于政治问题，在瑞金时，已明确提出建立无产阶级领导的工农政

江西瑞金县城

权,但考虑进入广东后,为应付外交,决定仍沿用国民政府名义。关于军事问题,决定留一部分兵力于三河坝,监视梅县方面的敌人,以主力进攻潮汕,再经揭阳出兴宁、五华取惠州。认为这样,占领潮汕应有十分把握。取得潮汕,占领出海口岸,就可以尽早取得国际援助,并休整部队。后来事实证明这是一个错误的决定,它使起义军兵力分散,行动迟缓,是导致部队最终失败的重要原因。

9月中旬,前委在上杭南塔寺召开了全军政治工作会议,充实了各级政工人员;革命委员会还在上杭县城讨论了土地政纲。

9月18日,起义军由闽入粤,占领了大埔、三河坝,参谋团开会决定,起义军主力除第十一军第二十五师及朱德第九军的队伍外,其余全部直进潮州。

为策应起义军,东江的中共地方组织根据中共中央和广东省委的指示精神,散发传单,骚扰反动军警,挤兑银行,并领导汕头工人破坏了潮州、汕头间的铁路,迫使敌人无法从汕头调兵援助力量空虚的潮州方向的兵力。

9月23日下午,继续南下的起义军主力及革命委员会各机构进入潮州城,在涵碧楼(现为潮安纪念馆,周恩来、贺龙、彭湃等同志都曾在此楼住过)设总指挥部后,立即部署进攻汕头的战斗。

9月24日,起义部队占领汕头,革命委员会和总指挥部设在大埔会馆,中共

上杭南塔寺

中央政治局候补委员、南方局书记张太雷在这里传达了“八七”会议精神和中央关于抛弃国民党旗帜、建立苏维埃的决定，并立即着手建立南方局，与前委一起研究和计划起义部队今后的行动。起义军进入潮汕后，抓紧开展各项工作，肃清反动派，恢复社会秩序，组织市政府发布安民告示、张贴标语、出版报纸等。革命委员会也张贴了布告。起义军在潮汕还张贴了不少标语，如：“打倒蒋介石！”“拥护共产党军！”“打倒南京、武汉两伪政府！”“工农阶级武装起来！”

起义军在潮州和汕头活动了七日，开展了大量的革命工作，革命史上称为“七日红”。这时，曾遭起义军重创的钱大钧、黄绍竑等部敌军，在得到三个多师的增援后，又以优势兵力组织了对起义部队的包围；而起义部队在一再分兵之后，主力分布在揭阳、潮州、三河坝三个地区，战场形势对起义军十分不利。

9月28日，贺龙率领第二十军第一、第二师和叶挺率领的第十一军第二

广东汕头大埔会馆

十四师，首先在揭阳县汤坑地区与敌相遇。起义部队先击败了潮、梅警备旅，接着击溃了薛岳部第二师，随即又与陈济棠部第十一师等部展开激战。由于连续苦战，最后未能突破陈济棠部的防线。9月30日被迫撤退转移。

同日，在潮州，周逸群率领第二十军第三师第六团和教导团的一个总队，抵抗黄绍竑部两个师分两路发动的进攻，激战数小时，终因兵力对比悬殊，潮州失守。接着汕头也被迫放弃。

在战场形势恶化的情况下，10月3日下午，前敌委员会在普宁流沙集中，前委和革命委员会及主要军政指挥人员在流沙教堂举行会议，周恩来抱病讲话，李立三、彭湃、叶挺、贺龙等都发了言。会上传达了中央决定的精神，宣布今后要打红旗，分田地，继续战斗。关于人员的去向，决定武装人员突围去海陆丰，非武装人员愿留的留，不愿留的由农会干部护送，分批从海上撤退。

会议刚开完，就发现了敌情。起义部队匆忙向海陆丰方向撤退。在乌石地区遭敌伏击，起义部队被截断包围，指挥机关和第二十四师被打散。

冲出重围的第十一军第二十四师师长董朗、党代表颜昌颐带领1200多人，进入海陆丰地区，后来扩编为红二师，成为创建海陆丰根据地的主力。第二十四师团长徐成章带领300多人突围，经香港到了海南岛，继续坚持革命斗争。未遭伏击的第二十军一部，由于和指挥机关失去联系，在敌人的包围和少数坏分子的造谣煽动下被缴械。至此，起义部队主力在潮汕地区遭到了失败。

南昌起义的主要领导成员贺龙、刘伯承、恽代英、林伯渠、吴玉章、徐特立、郭沫若、贺昌等分别从汕头、神泉和甲子港等地乘船出海，向香港、上海转移。周恩来、叶挺、聂荣臻等在安排好其他领导同志的转移工作之后，也在陆丰乘船转移到香港。

在大埔县三河坝，10月2日开始，朱德率领的第九军和第二十五师驻守三河坝的起义部队，遭到钱大钧部三个师的进攻，战斗连续进行了三天三夜。由于驻守三河坝的起义军还不知道主力已经在汤坑战役中失利，不知

三河坝战场

道潮州已经失守，为了掩护主力部队，为了保卫领导机关的安全，他们面对数倍于己的敌军，坚守阵地。他们在给敌人以很大杀伤后，因无后援，被迫主动撤出战斗，准备去潮汕与革命委员会会合。

三河坝战斗是一场十分残酷的战斗，在当年起义军指挥部所在地——田氏宗祠的墙壁上，至今还保留着“誓死杀敌”几个大字。1963年建立了三河坝战斗纪念碑，纪念和缅怀在这次战斗中捐躯的几百名烈士。

正当朱德等率部向潮汕方向转移时，在饶平茂芝恰遇从潮汕地区撤出的起义军，得知主力部队已经失利。于是，朱德在全德学校召开干部会议，决定率领保留下来的起义军退出城市，实行战略转移，转入粤闽赣边界的赣南山区，开展游击战争。

在向江西转移途中，部队减员

南昌起义军三河坝战役烈士纪念碑

很大，思想混乱。当部队行至安远县的天心圩时，为稳定部队，保留革命火种，朱德与陈毅、王尔琢商量后，在南面的河坝子里召开了军人大会；朱德在会上进行政治动员，他以一个伟大的无产阶级革命家的胆略，坚定地表示："现在的中国革命，好比1905年的俄国革命。俄国在1905年革命失败后，前途一片黑暗。但黑暗是暂时的。中国革命现在失败了，现在也是黑暗的，但黑暗遮不住光明，只要保存实力，革命就有办法，就能成功。"朱德的讲话，像是黑夜里的一盏明灯，照亮了起义部队每一个同志的心，使他们看到了革命的前程。军人大会后，按照朱德的布置，各部队组织官兵进行讨论，谈谈自己对目前困境的认识。朱德、陈毅和王尔琢分头到各部队主持讨论。这是一次政治思想上的整顿。随后，在大余进行了整编，将部队整编为一个纵队，朱德任司令员，陈毅任党代表，王尔琢任参谋长；并重新登记党团员，将党团员分派到各连队中起骨干作用，在纵队建立了党的支部。部队到崇义的上堡、文英一带后，又进行了军政整训，借以提高部队的军政素质，提高战斗力。

11月下旬，朱德、陈毅等在坚持中国共产党对部队的领导权和独立军事指挥权的前提下，和国民革命军第十六军军长范石生建立了统一战线关系，朱德所部改称第十六军第四十七师第一四〇团，朱德化名王楷任团长。这样可以使部队得到休整的机会，得到武器装备的补充。部队经湘南的资兴、汝城移驻广东的韶关犁铺头。

中共中央十分关心这支部队并

江西安远天心圩

加强对这支部队的领导，1927年底，先后给朱德并全体军中同志两封信，指示他们尽快与井冈山毛泽东同志取得联系，加强党的组织工作和思想教育，脱离范石生。

起义部队与范石生结成统一战线的消息，被广东军阀发觉。朱德、陈毅、王尔琢率领起义军余部，于1928年1月初脱离范石生部，进入湘南宜章县，1月13日智取了宜章城，发动了湘南暴动；接着，农民起义的烈火迅速燃遍了湘南粤北的20多个县境，部队也得到了很大的发展。

毛泽东出席“八七”会议后，9月9日，在湘赣边界亲自发动和领导了秋收起义。起义后，在浏阳文家市召开前委会议，决定向湘赣边界转移。古城会议后，便率领部队向井冈山进军，在井冈山创立了第一个农村革命根据地。

1928年3月，朱德、陈毅、王尔琢率领南昌起义军余部和湘南农军在耒阳击溃了追击之敌后，向井冈山进发。4月，同毛泽东在龙江书院亲切会面，并商定成立工农革命军第四军事宜。4月底，南昌起义军余部和湘南农军一万多人，相继抵达井冈山的宁冈龙市，和毛泽东领导的秋收起义部队会师，成立了中国工农革命军第四军，后称为工农红军第四军，使井冈山革命斗争进入了一个新阶段，走上了工农武装割据的光辉道路。

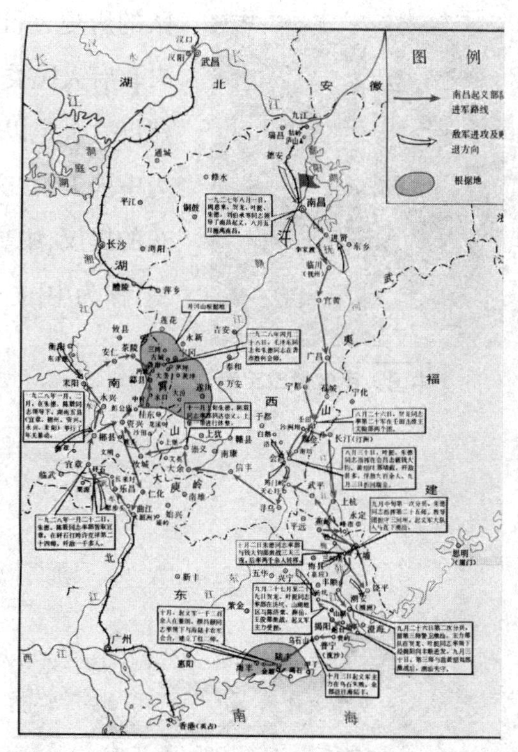

南昌起义部队南进和上井冈山路线图

井冈山会师
（油画）

中国人民解放军军徽

南昌起义开创了中国共产党领导的人民军队的历史，所以1933年7月，中华苏维埃临时中央政府人民委员会根据中央革命军事委员会的建议，决定以南昌起义的发起日——8月1日作为中国工农红军诞生纪念日。1949年，根据毛泽东的提议，中央军委决定：在军旗、军徽上以“八一”作为中国人民解放军的标志。

（齐刚执笔）

二、九江会议与南昌起义的决策

1927年7月12日，根据共产国际的指示，中共中央领导机构进行了改组，陈独秀离开了领导岗位，由张国焘、李维汉、周恩来、李立三、张太雷组成了新的领导机构——中央临时常务委员会。7月13日，中共中央发布对政局宣言，谴责国民党右派和国民政府的反动行径，宣布撤回参加国民政府的共产党员。7月15日，汪精卫等控制的武汉国民党中央召开“分共”会议，轰轰烈烈的大革命失败了。

面对如此严峻的局面，中共中央开始时决定依靠张发奎的第二方面军准备武装起义，成立了以聂荣臻为书记的前敌军委。由于此时张发奎的部队正以“东征讨蒋”的名义部署在武汉—九江—德安一线，于是中共中央首先派聂荣臻前往九江、德安一带去布置起义的准备工作，并要他等候中央的进一步指示。随后，李立三、邓中夏等人也赴九江实地了解情况。

7月19日，李立三等人到达九江，找相关同志了解情况后，于20日召集在九江的部分高级干部开会，讨论起义的发动和准备工作，出席会议的有李立

九江码头

李立三

恽代英

三、邓中夏、谭平山、叶挺、聂荣臻等。这就是第一次九江会议。在会上，大家认为张发奎已经日益右倾，中央原来打算“依靠张发奎回粤运动，很少成功之可能”。“因此决定在军事上赶快集中南昌，运动二十军与我们一致，实行在南昌暴动，解决三六九军在南昌之武装。在政治上反对武汉南京两政府，建立新的政府来号召。”第一次九江会议明确提出了在南昌暴动的计划，这是有据可查的最早提出在南昌举行起义的原始文件。“会议中没有不同意见，遂将这项意见报告中央。”

会后，李立三、邓中夏立即上庐山找到瞿秋白，同他商议在南昌发动起义之事。之所以找瞿秋白商议，是因为瞿秋白不仅在党内有较高的威信，而且得到了共产国际的极大信任。瞿秋白听了他们的意见后，完全同意九江同志的计划。正好此时有消息说中央将召集紧急会议，瞿秋白即将赶赴武汉出席会议，于是李立三、邓中夏请瞿秋白代表九江同志将意见当面报告中央，并请中央尽快对在南昌发动起义的意见做出决定。

7月23日，恽代英从武汉赶到九江。贺龙也在这一天率领他的第二十军司令部从黄石、石灰窑一带来到了九江。谭平山马上

九江甘棠湖小船会议
（油画）

拜访了贺龙，向他透露共产党打算在南昌举行起义的计划，征询他的意见。贺龙积极支持这一计划，表示愿意率部参加起义。

当晚，谭平山、邓中夏、恽代英等人召开了第二次九江会议。谭平山将贺龙的积极态度通报与会人员，于是“更有进一步之决定，军队二十八日以前集中南昌，二十八日晚举行暴动。并急电中央征可否”。开会时李立三尚在庐山，得到九江同志的急电，立即从庐山赶回九江，于24日继续开第二次九江会议。“这次会议对暴动的计划完全一致。在政治上决定组织中国国民党革命委员会为集中政权党权军权之最高机关。”但是这次会议对于没收大地主土地的决定有很大的争议。

同样在24日，中共中央常委和共产国际代表得知九江同志主张在南浔一带暴动的消息，召开会议讨论。会上他们都表示赞成这一计划，并开始具体准备一切暴动的需要，如筹措军费、将许多同志派往九江等等。最重要的是做出决定，派周恩来任前敌委员会书记，立即赶往九江指导前敌方面工作。

也是在24日，叶剑英同贺龙、叶挺等人在九江甘棠湖的一只小船上，以泛舟游玩的方式为掩护，开了一个短会。叶剑英通报了形势已越来越严峻的情况。经过磋商，决定叶、贺迅速率部队离开九江，到南昌集中，叶挺25日走，贺龙26日走。

在此期间，聂荣臻还专门上了一次庐山，向鲍罗廷介绍了南昌起义的计划和准备工作，由张太雷为他们翻译；因为鲍罗廷即将离开中国回苏联，有必要让他知道马上就要爆发的起义，以便他回国后向共产国际汇报。

25日，前委书记周恩来赶到九江。他召集在九江的同志开会（此即第三次九江会议）。会上，周恩来报告中央意见，认为形势“既已于是，对在浔同志的意见完全同意，遂积极进行军事之准备。并由中夏同志将详细计划回汉报告中央”。对第二次九江会议上争议较大的是否没收大地主土地的问题，周恩来带来了中央的意见，认为既然起义以土地革命为主要口号，那么就应该没收大地主的土地，平息了这一争议。

准备参加起义的叶挺、贺龙部队按计划于25日、26日分别赶到南昌，完成了军事上的集中。

这期间吴玉章受中央指派来到九江，成立了一个国民党办事处，接应了许多共产党干部和国民党左派人士到南昌去参加起义。

27日，周恩来、李立三、谭平山等同志“齐赴南昌”，在江西大旅社的喜庆礼堂开会，“正式照中央命令成立前敌委员会”，马上讨论起义的准备；认为军事上的准备来不及，将原定28日举行起义推迟至30日（后又延期至8月1日凌晨）。

在前敌委员会的领导下，南昌起义的各项准备工作以不可阻挡之势全面展开了！

（陈洪模执笔）

三、南昌起义前夕前委扩大会议上的争论

（一）

1927年，地处内地的南昌，交通闭塞，只有一条铁路通往九江。市区内都是一些低矮的民房。坐落在中山路洗马池的江西大旅社，是一幢四层、楼顶带平台的回字形大楼，可算是当时南昌最高的建筑物了。它是一家包括茶楼、酒馆和烟馆的大旅社。

这年7月27日，江西大旅社显得与往常不同，走进走出的都是身穿灰色制服的军人，大门两旁还站着持枪守卫的军人。原来这里已被准备起义的部队包了下来，第二十军贺锦斋师的司令部也设在这里。

在江西大旅社的会议厅里，中共前敌委员会书记周恩来，成员彭湃、李立三（当时恽代英尚未到昌）、谭平山（列席代表）正围坐在一起，这是前敌委员会召开的第一次会议。

这次会议对敌我双方力量做了分析：第五方面军总指挥朱培德在庐山，他所属的第三军和第九军分别驻在吉安、进贤一带，南昌城内敌军只有朱培德约6000兵力。而在我方兵力有叶挺的第十一军第二十四师，蔡廷锴的第十师，贺龙的第二十军，以及朱德的第三军军官教育团、湖北的第二方面军总指挥部警卫团、广东农军，加上预定在马回岭起义后赶赴南昌的周士第的第二十五师，共约2.2万余人。据此，我方在军事上占绝对优势，暴动是有胜利把握的。

大家又分析，原定军队于28日以前集中南昌，28日晚举行暴动，现在看

来恐怕仓促了一点,因我们还有一些部队没有赶到,军事上的准备也来不及,大家都建议适当推迟。

最后确定,30日晚举行起义。为了统一指挥起义部队的作战行动,由贺龙任第二方面军代总指挥,叶挺任前敌总指挥;成立有国民党左派参加的国民党特别委员会,以商讨起义中出现的有关问题。

会议一直开到深夜。

(二)

30日晨,系马桩,南昌女子职业学校(当时对外称"炮兵营")的一间教室里,坐着前敌委员会的成员李立三、彭湃以及谭平山、叶挺、周逸群等。大家一边等着中央代表张国焘的到来,一边议论着昨天早上和中午张国焘从九江连发的两封电报,说暴动宜慎重,无论如何候他到再决定。

正议论着,只见张国焘、恽代英与周恩来一同走进会议室。

坐下后,张国焘首先传达了中央的意见,他说:我来南昌之前,在武汉参加了中央常委会议,加伦(苏联政府派来的广州革命政府军事总顾问)在会上作了报告。据他的意思,张发奎如能赞成回粤,又不强迫叶挺等退出中国共产党,在此两条件下,可与张发奎共同回粤。原国际代表鲍罗廷已回国,共产国际派来了新的代表罗米那兹,罗米那兹就南昌暴动问题向共产国际发了电报请示。国际回电:如暴动毫无胜利希望,则不如不进行暴动,张发奎军中同志尽行退出,派往农民中工作。我这次来不单是送信,还要视情参与决定。根据目前形势,应极力拉拢张发奎,得到他之同意,否则不可动。

李立三等都认为:张发奎决不会同意我们的计划,必须彻底放弃依赖张发奎的幻想,今后革命,我党应公然站在领导地位;暴动决不能迁延,更不可作罢。当时张发奎已受汪精卫包围,是不可能同意起义计划的,这在客观上要求我们党必须站在领导地位,再不能依赖张。

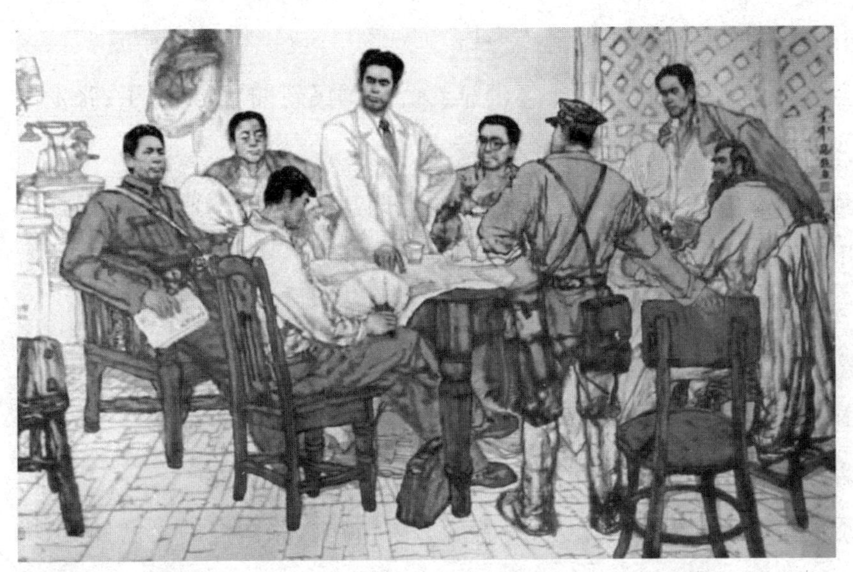

前委扩大会议(画)

张国焘借口还不知道这里的情形,因这个运动关系我们几千同志的生命,依然主张谨慎。

周恩来愤怒地站了起来,手中的茶杯“砰”的一声顿在桌子上,茶水溅了一桌面。他用手指着张国焘大声地说:国际代表和中央叫我来主持这个运动,现在给你的命令又如此,我不能负责了,今天特别委员会我也不去出席了,我要即刻回汉口向中央报告。

然而,张国焘却慢条斯理地要求留一个同志将这里的情形告诉他,再看看预备好的宣言。

李立三等主张采用举手表决,少数服从多数。

因为张国焘是代表中央意见,不能以多数决定。最后决定将30日晚起义的时间暂时推迟,第二天继续召开前委扩大会议再定。

(三)

31日早晨,前委扩大会议在南昌女子职业学校继续举行。

这一天,会场气氛一开始就显得很紧张,一个个的火气都挺大。又辩论了数小时。

会议期间又连连传来几个坏消息:九江《国民新闻》被封闭了;张发奎与汪精卫、孙科在庐山开会。

但张国焘依然不紧不慢地重弹他的老调:起义时间不成熟哪,最好再推迟几天哪,等等。

与会者都对他怒目而视,张国焘却视而不见。

忍无可忍的谭平山跳了起来,冲着张国焘大骂:混蛋!又对着门外的卫兵喊道:卫兵,把他给老子捆起来!

话音刚落,门外几名卫兵冲了进来,拿出绳索就要捆。

还是周恩来首先冷静下来:不管怎么说,特立(张国焘的又名)同志毕竟是中央代表,我们不能采取这种强制行动。

被卫兵松开手的张国焘跌坐在自己的椅子上,沮丧地低垂着头。

正在这时,一个卫兵走了进来,递给叶挺一份急电,叶挺看后转手给周恩来。周恩来一看,原来是张发奎从庐山发来的,称"准一日到南昌"。

会场里顿时议论声起。

至此已没有时间再讨论了,是否应立即干的问题已无讨论的必要了。完全孤立的张国焘,在这种情形下不得不表示:我少数服从多数,你们决定吧。

于是,会议决定8月1日凌晨4时举行暴动。后由于叛徒告密,又改为2时。

8月1日凌晨2时,起义的信号弹终于射上了南昌的上空。南昌起义取得成功。

(肖燕燕执笔)

四、南昌起义中的中共前敌军委

在南昌起义中一直有一个组织存在，具体负责南昌暴动事宜。这个组织就是“中共前敌军委”，由聂荣臻、贺昌、颜昌颐三人组成，聂荣臻为书记。之所以说在南昌起义中及其前后确有中共前敌军委存在，主要根据：

聂荣臻

贺昌

颜昌颐

一是据《周逸群报告（摘要）——关于南昌起义问题》（发表于1927年10月30日）称：“二、政治军事上之组织。主席团及各委员会之名单，钱第筠或前委当有详细报告，兹从略”；“三、回粤路线之决定。八一下午七时在军部开参谋团委员会，我因不是委员，故不便参加。但事前钱第筠似乎也不注意这个问题”。这个报告中所谈到的“钱第筠”，即“前敌军（委）”的谐音，是前委会领导下的“前敌军事委员会”的简称。此外，这个报告内“九、党的组织”部分写得很清楚：“钱第筠之下，各军设军委。军委之下设师委，师委之下每团有支部及分支部小组。”从这段话可以看出南昌起义后各部队内的中共组织，是由“前敌军委”负责领导和掌握的。周逸群曾担任贺龙部政治部主任，起义后任第二十军第三师师长，并任中共第三师师委书记，直接与廖乾五（第二十军党代表，中共军委书记）和周恩来、聂荣臻等保持组织联系。因此，他在起义失败同月下旬写的报告，充分证明"前敌军委"在南昌起义时确实存在着。

二是据《李立三报告——"八一"革命之经过与教训》（发表于1927年10月2日《中央通告第十三号》）称，"关于军事方面自南昌至汕有多次之讨论，其经过大略如下：（我没有参加参谋团和党内的军委故仅知大略）……"又称，"军部在组织上是独立的，就是一切政治的指导都须完全经过军部，同时军委亦很弱，所以党的政治的方针很难深入到军队中的同志去"。李立三最早参与策划发动南昌起义，是前敌委员会委员。他在起义后负责政治保卫处随军南征到潮汕地区，熟知当时党内领导分工与各个组织的情况。此报告是他于起义失败的当月中下旬写的，所称"党内的军委"自然指"前敌军委"，并肯定"自南昌至汕（头）"一直存在。

三是据叶挺《南昌暴动至潮汕的失败（摘要）》（1928）称，"周恩来及恽代英同志奉党令由汉口来南昌，与谭平山、叶挺、聂荣臻等负责主持我们的军队及党的指挥。并由谭平山……准备组织国民党政治及党务机关"。由于聂荣臻从广东区委军委、北伐过程至武汉，始终与叶挺保持密切的党内关系，是聂最先将中央发动起义的决定通知叶，起义后聂又任叶军党代表，两人并肩战斗直至失败一起去香港。因此，叶挺明确提到聂荣臻，显然他对当时党内分工是清楚的。"党的指挥"自然是指"党内的军委""钱第筠"。谭平山负责国民党革命委员会，周恩来是前委书记主持全盘，恽代英是前委委员主管宣传，他自己负责军事指挥。而聂荣臻当然是"负责主持我们的军队""党的指挥"者，即中共前敌军委书记。

四是据中共中央机关报《红旗》1929年9月30日第47期刊载悼念颜昌颐烈士生平内称，他参加八一起义计划制订，是三人小组成员，失败后去海陆丰任红军党代表。此文发表于颜昌颐、彭湃、杨殷牺牲后一个月。由于当时聂荣臻、贺昌在香港，周逸群在鄂西，了解前敌军委这一秘密组织，在上海的就只有周恩来、李立三、恽代英,此文可能出于这三个人之手。所谓“三人小组”,即是指由聂荣臻、贺昌、颜昌颐组成的前敌军委。

以上早期历史文献记载,足以证明不仅在准备起义阶段,而且在南昌起义后南下过程中,确实存在着中共前敌军委这一组织。

前敌军委的全称,是中共中央前敌委员会军事委员会,直接隶属前委。众所周知,以周恩来为书记的中共中央前敌委员会,是南昌起义的党的最高领导机构。起义后成立的国民党革命委员会,是公开的国共合作统一战线性质的最高政治领导机构。“前委”负责指挥前敌一切事宜,“革委”则是领导革命的唯一机关,一切党务、政治、军事都隶属于“革委”指导下。革委会下设的参谋团,是个负责军事指挥的机构,事实上是军事委员会,也是公开的统一战线性质的军事组织,委员内有非共产党员贺龙(不久入党)与蔡廷锴等。但作为中共中央前敌委员会的军委,与参谋团并无组织上的隶属关系,与革委会下设的宣传委员会、党务委员会、财政委员会、农工委员会、政治保卫处等机构也无隶属关系,而是通过对参谋团成员及起义部队内的中共组织与党员实施领导,贯彻中共中央与前委的路线方针政策。

在历时三个多月的南昌起义过程中,前敌军委在周恩来、聂荣臻的领导下,在南昌起义的准备、发动、南征及失败后,曾经做了许多有益工作,发挥了积极作用。具体来说:

一是了解情况,制订起义行动计划,做好准备工作。

7月中旬,“周恩来指定以聂荣臻为书记的前敌军委,先去九江做准备,并交代何时发难要听中央命令”。7月19日,聂荣臻等三人立即动身赶赴九江。聂荣臻称,“我们比恩来同志早走了个把星期”(周恩来于7月25日抵九江)。到九江后,聂荣臻等即入住叶挺第二十四师司令部,把中央发动南昌起义的初步决定“第一个通知叶挺”。他们开始了解各部队情况,研究起草起义行动计划。7月20日,聂荣臻、贺昌参加了在九江的李立三、邓中夏、谭平山、恽代英及叶挺等的谈话会。聂荣臻称,“李立三等同志很急躁,主张立即动手，我说不行，必须等中央命令。……我们来的任务是做好组织起义部队的准备，准备工作也很重要。”会后，李立三将在南昌起义的计划报告中共中央；谭平山把这一计划告诉贺龙，贺龙表示拥护共产党，愿率部参加起义。上述事实说明，南昌起义计划是由三人小组起草制订，经过九江会议讨论才报告给党中央的。但详细的行动计划，则由三人小组进一步了解情况深入研究后，7月25日周恩来抵九江审议，7月27日在南昌正式成立中共中央前敌委员会时才决定的。此行动计划包括预定参加起义的部队及党内负责人；举行起义时各部队集结地区、作战任务与协同指挥等；起义后部队的编成序列、指挥员、政治部干部配备与党的组织系统及各军军委组成人员等。事实表明，分布较散、系统不一的2万余人的几支部队，能够于决定后三四天即举行起义，并协同一致，迅速歼灭守敌，攻占南昌取得起义胜利，如果没有前敌军委精密计划、深入组织、积极推进准备工作，是不可能一举成功的。

据《聂荣臻回忆录(上)》称：“我们到九江以后，就一个部队一个部队去传达。因为起义计划是非常秘密的，主要是传达给各部队负责同志，有些部队传达得宽些”；“除叶挺的二十四师外，还有张发奎的其他一些部队，特别是李汉魂的二十五师，我去的次数比较多”；“各部分军队中，差不多都有我们党的力量。所以一经传达要起义的指示，大家就很快按党的要求进行准备。我们前敌军委的工作进行得比较顺利，完成了预定的任务”。由于驻九江的第二十四师师部及第七十、七十一、七十二团与驻马回岭的第二十五师第七十三、七十五团，以及第十师第三十团等均有中共党总支或党支部，团长均系中共党员，聂荣臻、颜昌颐、贺昌先后向他们进行了传达和动员。7月23日贺龙率第二十军抵九江后，前敌军委立即向在贺军工作的高语罕、周逸群、陈恭等党员进行了传达。随后，聂荣臻、贺昌又赶至第二十五师。“在马回岭的两三天里，工作是很紧张的。进一步扩大了关于起义的传达范围，多次进行个别或集体谈话，动员做好起义准备，拟订起义的各项具体计划”。“整个行动是成功的,差不多有组织的部队都拉了出来”。除向参加起义部队传达动员外,前敌军委还负责通知在庐山、九江的党内负责干部,接应从武汉等地赶赴九江的党员干部和国民党左派人士。聂荣臻曾于7月22日或23日上庐山,“中央指定我将准备在南昌举行起义决定,通知鲍罗廷、张太雷、刘少奇、郭亮、林伯渠、廖乾五等人”。

以上事实充分证明,前敌军委在南昌起义前做了大量准备工作。由于中共前敌委员会是7月27日在南昌正式成立的,以九江为中心的具体准备工作,主要是由前敌军委完成的。

二是组织率领部队举行起义,参与整编部队,建立中共组织,加强党的领导。

聂荣臻组织率领第二十五师两个多团举行起义。时任第七十三团团长的周士第称:“党已派聂荣臻同志来七十三团团部主持起义。根据党的决定,我们商量了具体的计划,立即举行起义。参加起义的部队有驻马回岭的七十三团全部,驻黄老门西南的七十五团三个营,驻马回岭以南的七十四团重机枪连”;“第二天,起义部队全部到达南昌”。

南昌起义胜利后,贺昌与8月2日赶到南昌的聂荣臻,积极参与前委对起义部队的统一整编,整编为第十一军、第二十军、第九军,并且相应配备了干部。第十一军军委书记是聂荣臻(兼),第二十四师原决定颜昌颐任党代表,后颜未到职,由阳翰笙任党代表及师委书记。“部队整编后李硕勋旋即主持召开中共第二十五师党委会议……他在七十四团和七十五团建立党总支部和党支部,加强各团党的工作和政治工作。”由于普遍建立军、师党委及团总支、支部,并由“钱第[illegible]筠”(前敌军委)直接领导掌管各军、师党的组织关系,从而体现了共产党对起义部队的直接领导。

(陈红涛执笔)

五、南昌起义时的政权与政纲

早在1927年7月13日，中共中央根据阶级关系的新变化和共产国际的决议，在解除陈独秀的领导职务之后，发表了《中国共产党中央委员会对政局宣言》，强调“凡此一切革命工作，中国共产党都要和国民党党员群众一切真正革命分子，共同去实行——因此共产党员绝无理由可以退出国民党，或者甚至于抛弃与国民党合作的政策”。这其实就是当时中国共产党制定的统战原则。在这一统战原则指导下，7月中旬，中共中央临时政治局常委会决定发动南昌起义，为此而召开的九江会议，“在政治上决定组织中国国民党革命委员会为集中政权、党权、军权之最高机关，以反对宁汉政府中央党部，继承国民党正统，没收大地主土地，实行劳动保护法为暴动之目的。在这项纲领之下发表宣言（用国民党中央委员联名名义）”（见李立三：《“八一”革命之经过与教训》）。八一南昌起义胜利后，中共前敌委员会在原江西省政府西花厅召开了有共产党员和国民党左派人士参加的“国民党中央委员及各省区、特别市、海外各党部代表联席会议”。在这个会上，叶挺报告了起义经过；大家讨论并通过了《联席会议宣言》《八一起义宣言》《八一起义宣传大纲》，以及由宋庆龄等22

宋庆龄

位国民党中央委员署名的《中央委员宣言》等文件；严厉谴责了蒋汪合流背叛革命的罪恶行径，郑重宣告同他们彻底决裂；同时也提出了继续革命的七项政治主张；选举产生了以共产党员为领导核心又有国民党左派人士参加的联合政权——“中国国民党革命委员会”；明确提出了革命委员会的政治纲领。即：

“一、确立革命的新根据地。二、筹备召集第三次全国代表大会。三、坚持总理革命的三民主义与联俄联共(扶助)农工三大政策。四、实行本党第一、二次全国代表大会及去年联席会议，今年中央委员会第三次全体会议之宣言、决议案。五、继续不妥协地反对帝国主义。六、继续为解决土地问题，解放农民，打倒乡村封建地主之反动势力而奋斗”(见枕薪:《南昌政变之追忆》)。

从中国国民党革命委员会的性质、组成情况看，委员会实际上是一个工农、小资产阶级和国民党左派人士联合的、以无产阶级为领导的统一战线政权，从而完全实践了共产国际关于“不退出国民党。……更密切地联系国民党基层，由基层做出坚决抗议国民党中央倒行逆施的决议，……以及在此基础上准备召开国民党代表大会。……开展土地革命”的指示和党在南昌起义前做出的关于“在原则上须建立一个无产阶级领导的工农小资产阶级民主革命政权，实际上便是组织一以共产党占多数的与国民党左派的联合政权”的决定(见李立三:《“八一”革命之经过与教训》)。

从中我们也可看出，此时的政权和政纲，一方面继承了国民党正统，用新三民主义号召广大小资产阶级群众与工农一同奋起，继续进行民主革命；另一方面又孕育着新因素，带有明显的进步性，同时又表现出不彻底性。从政权机构的组成看，22名委员中，共产党人占15名，为绝对优势；从政权的性质看，它实质上是无产阶级领导的、工农小资产阶级和国民党左派人士的统一战线政权；从政纲和《农民解放条例》的内容看，旗帜鲜明地提出了土地革命的口号。而它的不彻底性，第一表现在政权问题上。虽然在南昌起义前，中央就已规定了政权的性质和政纲的内容，但当起义部队攻占瑞金后，看到上海的报纸才得知，不但张发奎已反共，各省的假左派也投降于武汉政府，而且各省军阀都用国民党名义封闭工农组织，残杀工农群众，因而认识到“国民党名义已为工农所唾弃。所以，联合国民党左派，继承国民党正统正从事实上证明是当时机会主义幻梦”。“因此前委会议决定，对于政权的性质，须根本改变，应该建立无产阶级领导的工农政权”。这说明我党对国民党已有本质的认识，采取了正确的决策。但是，这个决策并没有实行几天，到汀州后，又决定名义上仍沿用国民政府，以此应付外交，“免帝国主义过分的干涉”。第二表现在土地革命问题上。虽然提出了没收土地的政策，但未明确没收地主的全部土地无偿地分配给农民。前委和革委曾多次讨论研究土地问题，但始终迈不出决定性的一步。第三表现在财政政策上没有采取断然措施剥夺剥削者。起义部队在南下途中，“由南昌带出的现洋仅数万，不甚价值之纸币，大概是三十万之谱，分发为各军的给养，曾在宜黄、临川议定，先用纸洋(币)收买地主谷米，或无代价征发其粮食，现洋则保存，最后在作战地区使用。将领有以王者之师自居，认征发为羞耻事者，对地主亦禁用纸币。于是现洋不久用完，纸币离南昌愈难使用。负责筹款者，在旧的普遍派款、新的(向)剥削地主勒款两办法之间游转不定”(见刘伯承:《南昌暴动始末记》)。

尽管我党从大革命时期过渡到土地革命时期时，由于缺乏经验，在策略和政策上还比较幼稚，但是，这些探索为中国革命提供了宝贵的经验教训。

(陈红涛执笔)

六、南昌起义的军事经济政策与举措

“兵马未动,粮草先行”。筹备任何一次军事行动,首先都要考虑到财政上的支持。1927年7月下旬,在武汉的中共中央临时政治局常务委员会开会讨论九江同志提出的起义意见时,就谈到了起义所需的经费问题。几天后的7月26日下午4时,中常委再次开会,进一步研究起义的准备工作。会上,共产国际代表罗米那兹说:“现在经费一时无着。”而此时准备起义的叶挺、贺龙部队已经进驻南昌。中央上次会议上派出领导起义的前敌委员会书记周恩来也已到了九江,正准备赶往南昌。起义已是箭在弦上不得不发了。共产国际代表又讲到,“共产国际来电不许俄顾问以任何形式参加这次暴动。”除了这两点以前未曾讨论的新情况,他传达的共产国际来电还讲到“如暴动毫无胜利希望,则不如不进行暴动”。为此,中央派张国焘以中央代表身份赶赴南昌传达共产国际最新指示精神。

张国焘于7月30日赶到南昌，传达了共产国际最新指示，企图阻止起义,遭到在南昌同志的坚决反对;因为起义一切准备就绪,完全有取胜的把握。最后张国焘被迫同意大家的意见,赞成起义,起义得以按计划进行。

为了筹措起义所需军费,八一起义战斗打响之前,李立三、陈赓率政治保卫处人员接管了江西省银行,在江西省银行得到“七十万纸币,十万现洋”。起义胜利后,江西省民众为了慰劳起义将士,特向起义军捐献了一万现洋。捐献此款的经手人是朱大桢,接受捐款的经手人是中共党员、江西省党部执行委员兼组织部长、革命委员会财政委员会委员罗石冰。罗石冰收到捐款后当即开了一张收据,第二天又给朱大桢回了一封短信,告知捐款已经分送第十一军、第二十军政治部了。有关这次捐款的收据和回信已作为珍贵文物收藏在南昌八一起义纪念馆。

起义胜利后，按原定计划，整编后的起义部队于8月3日至5日陆续离开南昌，南下广东。

在部队离开南昌之前，所需花销之处很多，开支很大，光遣散费就是一个不小的数字。当时任农民协会秘书的丘倜回忆，8月2日，省委召开了紧急会议，宣布叶、贺军队即将南下，布置各机关将人员遣返原籍，机关文件全部焚毁，一天之内要办妥结束工作。“关于各民众团体的机关人员的遣散费可以向罗石冰同志洽领。我开完会，回到农协立即造好疏散人员名册，前往省党部找到罗石冰，他在名册上作了批示，我就到总务处领取了一大捆钞票（武汉中央银行的纸币）回到省农协交秘书处分发。”

另外，起义胜利后，前委派了不少干部到各地开展联络工作。比如陈日新被派往东北，到大连组织“联络局”，联系国民党左派人士重新组织起来，

起义部队用过的行军锅

一俟起义军南下夺取了广东革命根据地，在广东重建中央，联络局可起到沟通东北各省市党组织与中央联系的作用。与他同时接到任务的还有山西代表王一德，奉命回山西做同样的工作。这样一来，派往各地联络的同志所需的总费用估计也不会太少。

此外，还有一项大开销便是军队用款。当时起义军还没有发军饷。据第二十军的李亚民回忆，部队到了潮汕才发了一次饷。但起义军离开南昌之前肯定要把行军途中的伙食费领出来。尤其是8月2日从德安赶到南昌参加起义的第二十五师，至少其中的第七十四团是“不带背包、行李、伙食担子，只拿武器弹药，以打野外的名义，把部队拉出来”，这支队伍来南昌，肯定要抓紧时间把所需物品补充起来，再发一笔行军途中的伙食费。

因此，7月31日在江西省银行所得到的钱，在随后的几天就开始动用，到8月3日离开南昌时，无论是纸币还是现洋都少于几天前筹到的钱款的数目。这才有了革命委员会秘书长吴玉章在1928年的报告中所说：“由南昌带出的现洋仅数万元，不甚价值的纸币，大约是三十万之谱。”起义军的参谋长刘伯承在他的总结报告中对此所讲的同吴玉章一样：“由南昌带出的现洋仅数万，不甚价值之纸币，大概是三十万之谱。”

起义胜利后，革命委员会讨论制定了新的财政政策，原则是要改变以前的军阀的财政政策，将财政负担从贫苦的工农身上转移到富有阶级身上，并决定即刻废除厘金和苛捐杂税。这一点当时已有人提出不同意见。部队南下到临川后，军饷一天天困难起来（因纸币不能用），于是对财政政策进行了一次大讨论。讨论中大致有两种意见：（一）主张沿用旧的政策，每到一地，即行提款、派款、借款。实际是利用一般土豪劣绅筹款。（二）抛弃旧的筹款方法，以征发（如征发地主的粮食）和没收（没收劣绅反动派的财产）和对土豪劣绅的罚款来筹款。第一种意见等于同军阀筹款一样，并且违背了起义的根本政策（如建立工农政权，镇压土豪劣绅等），所以讨论后决定采用第二种方法筹款。但实行时又发生了问题，因为在赣东一带农民运动缺乏基础,谁是大地主和土豪劣绅很难调查;而旧的方法确实可以弄到少量的现金,于是谭平山提到一个原则,“只要有钱,不问政策”。到汀州时,差点被商会所骗。原来,汀州商会承认三天内缴款六万元,起义军便让商会在城乡大派款,结果十亩以内的自耕农及很小的杂货店都被摊派十元八元不等,而十万元以上家产的仅出三五百元,闹得满城风雨,三日仅得二万余元。革命委员会只好再次讨论,李立三、张国焘批评了这种政策的不当,于是完全取消旧办法,采用新办法。在汀州大捉豪绅,实行没收和罚款,并发还许多贫苦工农大众的摊派款。仅二日,即得四万元。遂即决定到广东后全用新的政策,并组织一个战时经济委员会来管理一切。但是到潮汕以后,因为考虑:(一)大规模的征发恐惹起帝国主义的借口干涉;(二)潮汕是国民政府所在地,大规模的征发没收的结果,将是商业全停,秩序混乱。结果财政政策仍如以前。

南昌起义部队根据当时的局势,制定的财政政策的出发点是好的,所定立的原则也是对的。但由于环境的局限,好的政策有时难以落实。而财政方面紧迫的需要有时使好的政策不得不变形走样。在汀州转变政策,说明起义的领导机关能够及时认识错误并且纠正错误,可惜在潮汕未能坚持好的政策,当然其中也有军事上很快失利、无法再进行调整的原因。从总体来看,南昌起义的领导者们提出了一种新的、不同于原来军阀实行的财政政策,并努力地贯彻、执行了这种政策。虽然由于形势、环境的限制,贯彻执行的过程中产生了一些问题,留下了许多教训,但作为一种新的财政政策,从理论和实践上为以后的武装起义、革命根据地的建设,都提供了一个可供参考的样本。

(陈洪模执笔)

七、统战工作在南昌起义中的作用

在1927年7月至10月的南昌起义期间，中国共产党为了实现既定的起义战略目标,充分赢得起义胜利,提出了一系列统战原则,并在此原则的指导下,从政治、军事等方面进行了统战工作探索性的实践。

1927年7月中旬,国共两党的高层合作已彻底破裂。为了挽救革命挽救党,中国共产党中央委员会在7月13日发表了《对政局宣言》。在这个宣言里,中国共产党一方面决定撤回参加武汉国民政府的共产党员,另一方面则提出了今后的统战原则。“宣言”指出:“中国共产党决意与一切革命分子合作,只要他们能够诚实的坚决的根据三民主义三大政策而奋斗——民族解放民权政治民生改善的三民主义,联俄联共赞助工农的三大政策,是伟大的孙中山先生之遗训”;“凡此一切革命工作，中国共产党都要和国民党党员群众一切真正革命分子,共同去实行——因此共产党员绝无理由可以退出国民党,或者甚至于抛弃与国民党合作的政策”。

从这段表述我们可看出,中国共产党此时的统战原则是仍在“国民党旗帜”下,实行与国民党党员群众及一切革命分子为对象的“国共合作”。这一统战原则,规定、指导和制约了南昌起义期间中国共产党的统战工作。

表现最为明显的就是中央决定南昌起义 “仍打国民党旗帜”。对于这点,1927年7月24日李立三、邓中夏、谭平山、恽代英等召开的第二次九江会议上就强调,打“国民党旗帜”在于“反对宁汉政府中央党部,继承国民党正统”。但李立三在1930年2月1日所作的《党史报告》中论及南昌起义时联合张发奎问题,说道:“张国焘到省委会议上要宣传拥护张发奎,这是非常错误的，是政客式的观点，其实不但不应用张的名义而且不应用国民党左派的旗帜。”又说，“南昌暴动经两个月之久才失败，但是否有胜利的可能？其失败原因主要仍是未脱离机会主义的领导，仍打国民党旗帜，使革命群众看不出新的革命中心。”

事实上，当时中国共产党与蒋汪之流政治斗争的核心问题是要不要继承孙中山先生的遗志，完成其未竟之业。南昌起义“仍打国民党旗帜”，是中共中央为挽救统一战线而采取的一种斗争策略，在局部上起到了暂时的缓冲作用。它稳定了南昌局势，争取了国民党左派力量。在短短的十天内，迅速在中国共产党周围聚集起一批反对蒋、汪反动统治的国民党左派人士和国民革命军将士，从而赢得了南昌起义的胜利。诚然，“仍打国民党旗帜”抑或会“使革命群众看不到新的革命中心”，但绝不是南昌起义最终失败的原因。南昌起义失败的真正原因，诚如周恩来于1944年3月在延安中央党校所作的《关于党的“六大”的研究》报告中所分析的，那是由于“没有采取就地革命的方针”。也就是说，“起义军胜利后，由于当时领导者没有能够坚持发动广大农民实行土地革命的政治路线而采取单纯军事向南挺进的方针，……结果起义军主力遭到失败”。

基于上述统战原则，在南昌起义期间，中国共产党在政治和军事两个领域展开了富有成效的统战工作。

如，在起义准备阶段，中共中央在九江成立“国民党中央办事处”，接应中国共产党同志及国民党左派人士赴南昌参与起义的组织准备工作；南昌起义爆发后，共产党立即联合国民党左派人士及其他革命分子，在8月1日的南昌《民国日报》上公布由宋庆龄等22位国民党中央委员署名的《中央委员宣言》，宣示对时局的主张，表明中国共产党与国民党左派合作的真诚愿望；同时召开国民党中央委员与各省区、特别市、海外各党部代表联席会议，选举产生革命政权机构——中国国民党革命委员会，并于8月2日下午1时在贡院侧举行了就职典礼；颁布了“任命张国焘、彭湃、李立三、李小青、董方城、陈荫林、郭亮为农工委员会委员，以张国焘为主席”等中国国民党革命委员会令；8月2日，中国共产党还以中央委员会之名义，发表了《共产党致国民党革命同志书》，以争取更多的国民党党员。

南昌民國日報

民國十六年八月一日

中央委員宣言

總理遺囑

《中央委员宣言》

以上种种，都是此时期中国共产党的统战原则的具体体现，更是此时期共产党政治统战工作的具体实施。

中国共产党除在政治领域开展统战外，更重要的是在军事领域的统战。

南昌起义前，中国共产党所能掌握和影响的兵力不足2万人，部队主官由中共党员担任且掌握的兵力仅1万余人，而反革命环赣兵力达10余万人。为改变敌强我弱的军事态势，以争取起义的胜利，中国共产党一方面展开对友军贺龙的联合，得到贺龙“我完全听共产党的话，要我怎样干就怎样干”的明确表示后，周密计划，使之成为南昌起义主要兵力之一。起义胜利当天，国民党中央委员与各省区、特别市、海外各党部联席会议选举贺龙为中国国民党革命委员会委员、主席团主席之一。8月2日，中国国民党革命委员会又任命贺龙为兼代国民革命军第四集团军第二方面军总指挥和参谋团参谋。贺龙为南昌起义的成功作出了重大贡献。随后贺龙与其他同志一起率起义部队南征。至瑞金,经周逸群、谭平山介绍,贺龙加入了中国共产党。另一方面,对张发奎也尽力争取,不使其成为起义军的敌对军事势力。然而,当时中央临时常委五委员之一的张国焘对张发奎不仅是“争取”,而且是完全“依靠”。在7月30日召开的前委扩大会议上,张国焘提出“目前形势,应极力拉拢张发奎,起义须得张发奎的同意,否则亦不可动”的主张。张国焘的这一主张遭到周恩来等同志的否定。事实表明张发奎最终没能站到起义军一边来。

起义爆发后,“起义军的番号用的是原来国民革命军的番号,旗帜还是沿用原来国民革命军的旗帜”(见《南昌起义》,第231页)。目的就是为了有利于团结国民党“左”派控制的军事力量,争取中间军事力量,孤立和打击反动的军事力量。

毋庸置疑,在当时风云突变的历史条件下,中国共产党的统战工作,适应了过渡性的历史特点,基本正确地实行了争取和团结一切可能团结的力量这一统战策略,是我党统一战线的继承和发展,起到了承前启后的作用。

(陈红涛执笔)

八、参加南昌起义的实际人数

1927年8月1日爆发的南昌起义，是中国共产党领导的第一次大规模武装起义。那么，有多少人参加了南昌起义呢？长期以来这个问题吸引了不少研究者的注意力。

从宏观上来看，南昌起义军事上的准备，主要是动员中国共产党所能影响的一切武装力量向南昌方面集结。当时，受中国共产党影响的可能参加起义的武装力量，除贺龙、叶挺率领的部队外，还有朱德在南昌创办的国民革命军第三军军官教育团的一个营、第四军第二十五师大部以及尚在武昌的中央军事政治学校武汉分校学员、第二方面军总指挥部警卫团、武昌农民运动讲习所农政训练班的学员、第十三军中的广东农军等。

这里需要解释一下，中央军事政治学校武汉分校学员从武汉赶往南昌，8月4日抵达九江时，大部分被张发奎解除武装，编入第二方面军教导团，后来到广州成了广州起义的基干，只有少部分赶上南昌起义部队。第二方面军总指挥部警卫团在团长卢德铭的率领下本来也要赶到南昌参加起义的，因时间实在来不及，半路上转向修水、铜鼓一带，后来参加了著名的秋收起义。

具体谈到参加八一起义的人数，先后有许多同志对这个问题作过探讨。1986年南昌八一起义纪念馆的同志编写了一本《南昌起义史话》，其中谈到参加起义的正规兵力如下：第十一军第二十四师5500人，第十师4500人；第四军第二十五师3000人；第二十军第一师3000人，第二师2000人，直属部队2500人；第三军军官教育团约300人；合计兵力约20800人（张月琴主编《南昌起义史话》,江西人民出版社)。这个说法提出的时间较早,在许多档案资料尚未公开时能将参加起义的兵力弄到这样准确的程度,已经是很不容易了。

曾祥健在《军事历史》上发表文章,认为南昌起义参加人数实际是15580人。他的论据是:第十一军第二十四师叶挺部5500人和第二十军贺龙部6500人都参加了起义;第四军第二十五师共3个团,其中第七十三团全部参加了起义,而第七十四团、第七十五团只有部分人参加了起义,所以第二十五师参加起义的有3000人;蔡廷锴的第十师未参加起义,不能将这个师的人数算进来;朱德领导的第三军军官教育团的一个营约100人和南昌市公安局警察队的约400人参加起义后编入了朱德领导的第九军;另外中央农讲所的500多人中有80余人参加了起义。由此推算参加南昌起义的实际人数共计15580人。

在这里我们有必要指出,参加八一起义战斗和参加八一起义是两个不同的概念。首先我们承认蔡廷锴的第十师确实没有参加八一起义战斗,如果统计参加战斗的人员,自然不应将他的这个师统计进来;但是同样未参加战斗的还有军官教育团的一个营和警察队的警察,为什么他们就可以算是参加了起义战斗的人员?其次,蔡廷锴的第十师虽然未参加起义战斗,但起义后改编的军队序列中,第十师可是列在其中;而且蔡廷锴还担任了军事参谋团的参谋、第十一军副军长兼第十师师长。由此可见,统计参加八一起义的兵力时将蔡廷锴的第十师排除在外,是不妥当的。

1987年公布了刘伯承于1928年在苏联撰写的《南昌暴动始末记》,其中列表详细讲到了起义军的兵力情况:第十一军第二十四师5500人,第十师5000人;第四军第二十五师5000人;第二十军第一师3000人,第二师2000人;直属部队2500人。这样总兵力为23000人(但刘伯承汇总时可能疏忽,统计为22000人)。这个数字是由曾任起义军参谋长的刘伯承在起义之后不久统计、记录下来的,可信度是很高的。略有遗憾的是,刘伯承统计的兵力中

（二）参加南昌暴动兵力概要表

军队名称	第十一军第二十四师	第四军第二十五师	第十一军第十师	第二十军			合计兵力
将领	叶挺	周士第	蔡廷锴	贺龙			约二万二千人①
兵力概数	五千五百人	五千人	五千人	第一师贺锦斋的三千人	第二师秦光远的二千人	直属的二千五百人	
质量	作战力强	作战力强	作战力强	作战力较弱训练尤差			
同志力量	强	强	中等	弱			
说明	叶挺为同志，于会昌战后，因无军事人材交非同志古勋名	原二十五师长李汉魂同该师之第七十四团未来，周士第同志所指挥的是第七十三、五两个团在南昌时又新扩充了七十四团	蔡廷锴非同志，意志摇动，故于南昌暴动时有扣留他之提议，不果，致后有进贤之叛。其师中同志有为团长、参谋长者，后被扣留	第二十军很少同志，高级军官一个也不是的。该军受各方压迫不能不随我们走。暴动后至临川交其直属的一千五百人与其政治部主任周逸群同志，成为第三师。贺龙于攻克会昌后在瑞金才加入本党			

① 据表内所列各部兵力合计应为二万三千人。

参加南昌起义兵力概要表

没有提到朱德领导的第九军500人，原因可能是起义胜利后改编部队才成立了第九军的番号。

细心的读者可能会注意到还有一支部队的人数没有提到，那就是来自广东的北江农军。革命烈士周其鉴在南昌起义后不久撰写的、发表于1927年《红旗》半月刊第五期的《北江农军远征述评》称，这支部队起义后分成了三部分："一部分编入了贺龙部第三师第六团，一部分编入政治保卫处特务队，一部分编到粮秣管理处运输队"。而贺龙部第三师第六团和教导团都是起义胜利后部队整编时组成的，所以刘伯承列的兵力统计表上没有第三师的番号和人数。

（齐刚执笔）

九、南昌起义领导人及部队脱险后的去向

1927年8月1日南昌起义爆发后，起义军根据中共中央的原定计划，迅速南下广东，准备建立新的革命根据地，实行土地革命。部队在南下途中遭到敌人优势兵力的围攻，损失严重，终于失败。在这种严峻形势下，起义军主要领导人和一部分骨干以及部队是怎样脱险的，又到哪里去了?

周恩来、叶挺、聂荣臻：起义军南下广东途中，贺龙、叶挺率领的主力部队在汤坑前线失利，潮汕地区失守，这时指挥机关在广东普宁县的流沙镇会合，并在此召开会议，决定部队向海丰、陆丰撤退，做长期斗争。之后，起义军主要领导人在地方党组织的帮助下纷纷撤离。据一直与周恩来、叶挺在一起的聂荣臻的回忆说："我们转移到离流沙不远的一个小村子，晚上，杨石魂同志找来一副担架，把周恩来同志抬上，然后转移到陆丰的甲子港。在这里，他又找来一条小船，送我们出海。"当时周恩来正患疟疾，到香港

广东甲子港

广东金厢洲渚

广东神泉港

后，除了治病外，还参加了广东省委召开的有关广州起义的重要会议。后因中共中央工作的需要，他到了上海。聂荣臻同广东省委接上关系后，就调到了广东军委工作，后来参与领导了广州起义。叶挺打算在香港安家，不久就把家属从上海接到了香港。广州起义时，他担任军事总指挥。起义失败后去国外，至抗日战争爆发后回国参加抗战，任新四军军长。

贺龙、刘伯承、林伯渠、吴玉章：据林伯渠回忆，出席流沙会议之后，贺龙等正准备到海陆丰去，就在这时，起义军陷入了敌人包围，于是只得遣散部队，要他们各自设法回湘西，待机再起。为减少目标，贺龙、刘伯承等一路，装扮成广东佬，乘海船到了香港，不久回到上海，与中央取得了联系；吴玉章等一路，在谭平山的带领下，安全地到达香港，不久也回到上海。刘伯承和吴玉章先后去了前苏联莫斯科。刘伯承先入高级步兵学校学习，后转入伏龙芝军事学院，期间，于1928年六七月间写了《南昌暴动始末记》。吴玉章先后在莫斯科中山大学研究院和中山大学特别班学习，为向共产国际执委会报告南昌起义情况，起草了一份文件《八一革命》。

1928年初，贺龙及周逸群、郭亮、柳直荀、贺锦斋等受中央委派重回湘鄂西搞土地革命，坚持武装斗争。先后在湘鄂边和洪湖地区举行武装暴动，开展革命斗争，并逐步创建了湘鄂川黔革命根据地，红军不断发展壮大，成立了红二方面军。

朱德、陈毅：1927年9月底，南昌起义部队南下至广东大埔县境内时，中共前敌委员会决定分兵两路，一路由朱德率领，留守三河坝，阻击敌人；另一路即部队主力，由贺、叶率领，直奔潮汕，以尽快取得海上国际援助，建立新的革命根据地。在三河坝，朱德率领第九军和第二十五师的部队，共约4000余人，经过三天三夜的激烈战斗，部队伤亡很大，只剩下2000余人，于是撤出战场；南下至饶平茂芝时，得知主力已在潮汕地区失败，朱德等人只好率领部队离开茂芝北上。经艰苦转战，到达江西省安远天心圩，此时部队只有800余人了。朱德、陈毅、王尔琢在此对部队进行了整顿，随后又在赣南大余和崇义上堡对部队进行了整编、整训，部队状况有了明显好转。后又因朱德与滇军范石生是老同学，借此在范石生部隐蔽、休整了一段时间。1928年初，朱德等在湘南发动了著名的湘南起义，在宜章、郴州等县建立了苏维埃政权。这年4月，朱德、陈毅率领南昌起义保留下来的部队和湘南起义的农军与毛泽东领导的秋收起义部队胜利会师。5月4日召开了会师大会，成立了中国工农革命军第四军，不久改为工农红军第四军。

1927年10月，李立三、恽代英到了上海，后又去了广东。叶剑英此时也到了广东，与叶挺等共同领导了广州起义(参加广州起义的还有聂荣臻、彭湃、方维夏、曾山、陶铸、蔡申熙、袁国平、黄霖、袁也烈、聂鹤亭等)。广州起义后，李立三接替已牺牲的张太雷，任中共广东省委书记。

徐特立，1928年赴莫斯科中山大学特别班学习。

第二十军第二师师长秦光远去湖北大冶组织开展工人运动。

1927年10月，董朗、颜昌颐率起义军1000余人到海陆丰地区，与当地农军会合，建立了苏维埃政权。后在彭湃同志领导下，创建了海陆丰革命根据地，董朗部扩编为红二师。

汀州扩编时升任第二十四师党代表的雷经天，参加广州起义后回到广西，1929年出任中共广西特委书记。这年12月11日参加了邓小平同志领导的百色起义，随后任右江苏维埃政府主席，并任中共右江特委书记。

第二十四师团长徐成章，带领起义军300余人到海南岛后，与当地革命武装力量一起组建了红三师，建立了琼崖地区苏维埃政权。

王平章，起义后不久回湖北任中共鄂中区特委书记，领导汉川、天门、京山、应城四县秋收暴动。

李文林，1928年任中共赣西特委委员兼秘书长，创建以东固、延福为中心的革命根据地。

第二十军营长杨德明，1927年11月参与发动和领导了万安暴动，攻打万安县城。

丘倜等于1928年2月组织农军发动了于都暴动。

胡灿在起义失利后，潜回家乡兴国，与陈奇涵等人恢复地方党团组织，领导兴国的武装暴动（潜回兴国的还有肖以佐、鄢日新、李兰芬）。

孙一中，根据当时的形势和党的政策，周恩来指示孙一中等利用关系打入敌部，在安徽寿县开展兵运，待机举行兵变（参加寿县兵运工作的还有许光达、张有余、廖运泽等）。

廖运周，1928年初被派到国民党第三十三军，从事兵运工作。

傅杰，在湖南武冈、绥宁开展兵运工作。

红二十军营长陈赓，1928年起在上海参与主持中共中央特科的情报工作。

阳翰笙、李一岷等，从事左翼文化宣传工作。

（肖燕燕执笔）

十、人民军队中的第一批女兵

每当来到南昌八一起义纪念馆参观，你会看到这样一幅珍贵的照片。照片上的这些人，头上挽着一束凤尾巴，齐耳的短发在大檐帽下蓬松着，腰间束着皮带，绑腿打得规整自然，既有军人的飒爽英姿，又有女性之柔美。她们就是人民军队中的第一批女兵。

赵一曼

这批女兵共有30余人，大部分是武汉军校的学生，因北伐军占领武汉后，黄埔军校在武汉设立了分校，招收了一批女学员，如徐向前的夫人黄瑛、聂荣臻的夫人张瑞华、抗日女英雄赵一曼等都是武汉军校的女学员，汪精卫反共后她们先后来到南昌；另一部分是廖仲恺夫人何香凝创办的妇女训练班的学员，其中有杨庆兰、胡毓秀、彭援华、陈觉吾、王鸣皋等。

为了参加八一南昌起义，她们顶着酷暑，从武汉赶到南昌，大部分被分配在朱德军长的第九军、叶挺军长的第十一军、贺龙军长的第二十军。起义前夕，她们积极地投入了起义的准备，有的刷标语，有的扎担架，有的端枪拿刀，准备和男兵一样冲上硝烟弥漫的战场，与敌人展开殊死的搏斗。

起义胜利后，前敌委员会本打算把女兵留在原地，转入地下工作，但以胡毓秀、王鸣皋为首的女兵们态度坚决，要求随部队一起南下。她们不仅背着自己的日用品、换洗衣物及夜间露宿用的毯子等物品，体格健壮的还背上一些公共用品和物资，如被女兵们称作“四大金刚”的杨庆兰、谭勤先、陈觉吾、王鸣皋，就是背着步枪、子弹、手榴弹等踏上南下征途的。

一路上，这些女兵和男兵一样，过着严格的军事生活。通常情况下，部队每天要走五六十里路，遇有任务或情况紧急，一天要走上百里，女兵们脚上都起了血泡，腰腿走得酸痛，却没有一个人叫苦。进了武夷山，到处是高山峻岭，每天都在崎岖的小路上行军，不要说女兵们，就是许多男兵也感到吃不消。女兵相互鼓励着，有时她们边走边唱歌：“……走上前啊，曙光在前，同志们奋斗；用我们的刺刀和枪靶开自己的路。……”

宣传工作是女兵们南下途中一项主要任务。前敌委员会委员恽代英亲自和女兵们在一起开展宣传工作。宣传工作的任务之一是书写大字标语，在沿途村庄的墙壁上，恽代英指导女兵们写下“打倒军阀”、“打倒蒋介石”、“开展土地革命”、“工农革命万岁”等标语。书写标语是吸引群众，开展街头宣传革命的好办法。

女兵中担任宣传工作的胡毓秀，起义前有严重的贫血症，在她的一再要求下才加入到起义队伍中。她性格活泼，所以被安排在参谋团搞宣传工

女生队合影

作，经常带领姑娘们排戏，其中彭援华编排的《老祖母念经》尤受欢迎。《老祖母念经》告诉人们，是土地和勤劳使人民生活富裕，是国民党的军阀把人民推入了火坑；号召人们认清新军阀的反动面目，积极行动起来开展土地革命斗争。

起义军南下到了瑞金附近，遭到敌军阻击，战斗频繁，伤员增多，女兵们大多数做救护工作。17岁的杨庆兰是女兵里年龄最小的，别看她年纪小，革命热情却很高。在第二次会昌战斗后，我军伤员很多，这下可忙坏了杨庆兰，她一会儿背，一会儿抬，一直忙到天黑准备下山，突然发现在一条水沟旁的草丛里躺着一位伤员，走近一看，原来是第二十军第三师六团一营营长陈赓，他被敌人打伤了腿，血流了一地，已经昏迷不醒。杨庆兰二话没说，将陈赓背起。天全黑了，她步履蹒跚地向山下挪去，走了一程又一程，汗水湿透了她的衣衫，她咬紧牙关，拼尽全力，终于将陈赓送到救护所。

由于战争环境艰苦，这些女兵都先后被动员离开部队，转入地方隐蔽，从事党的地方工作，并在以后的革命活动中成为党的坚强女战士。

（齐刚执笔）

十一、南昌起义中的外国人

南昌起义时，有苏联的一个叫库马宁的骑兵军事顾问，和几个越南、朝鲜的同志也参加了。

莫·佛·库马宁，苏联顾问，参加过第一次世界大战，1918年加入苏联红军，是苏共老党员。他在第一次卫国战争期间，历任炮兵营长、团长和步兵旅长等职。1926年，库马宁奉派来华担任黄埔军校军事顾问，并以“齐冈”作为自己的中国名字。北伐战争时任李宗仁部第七军第二任军事顾问，参与指挥攻打安徽临淮、蚌埠等地战斗。1927年5月，武汉国民政府决定继续北伐后，库马宁改任贺龙第二十军军事顾问，协助贺龙部扫荡吴佩孚残部，击溃张作霖的部队并取得许昌、郑州大捷。后随贺龙到南昌。贺龙任南昌起义总指挥后，他积极出谋划策，为南昌起义的成功作出了贡献。8月5日，起义部队按原计划向广东进军。库马宁随贺龙的部队南下，不幸在9月的汤坑遭遇战中被俘。他在狱中不屈不挠，坚持斗争，保持了一名苏联共产党员的革命气节。由于库马宁在黄埔军校和李宗仁部都担任过军事顾问，加上苏联政府的

……顺庆起义失败后，转道陕西来到武汉，后来参加南昌起义。刘只带了一个参谋同来。起义时，我们还保留了十五军的番号，实际上没有兵①。刘伯承和周恩来同志在一起的时间多，实际上是周恩来的军事顾问。

中央军事政治学校女生队的一部份，也由庐山来到南昌参加起义(赵一曼也想来南昌参加起义，但后来到九江时，起义军就南下了，没有赶上。卢德铭、罗荣桓等同志率领的武汉警卫团也没有赶上，后来参加了秋收起义)。南昌起义时，有苏联的一个叫库马宁的骑兵军事顾问，和几个越南、朝鲜的同志也参加了。

起义军的番号用的是原来国民革命军的番号，旗帜还是沿用原来国民革命军的旗帜。起义军佩带的标志，在起义的晚上是白毛巾，白天是红领巾。起义前一个晚上的口令，是“山河统一”。

起义时间好象是两点钟左右，各个战斗地点发动时间不一致，有先有后，是分头指挥。结束战斗也有先有后。但是，解决战斗只一个多钟头，以后是收拾散兵游勇。黎明前战斗结束。

起义前没有听到说有总指挥部。起义时，在贺龙的指挥部里曾研究过三个比较重要的问题，一是政治面貌(主张和纲领)，二

① 起义部队实际上无此番号。

《南昌起义前后——访问陈公培》一文提到库马宁

压力和中国共产党的大力营救，国民党反动政府被迫于1928年秋将其释放。他回国后，在第二次世界大战中曾任苏联海军领导职务。后来，库马宁以其亲身经历写成了《南昌起义》回忆录，刊载于1961年莫斯科出版的《苏联志愿者谈中国第一次国内革命战争》一书中。他在《南昌起义》一文中，不但写了1927年5月以后北伐军北上，扫荡和击溃吴佩孚残部、张作霖部的许昌、郑州大捷，还以主要篇幅记述了贺龙第二十军和叶挺第二十四师进军南昌和在南昌举行起义之后继续南下的战斗历程。

在《周逸群报告》和朱其华《一九二七年底回忆》中也多次提到纪功(即库马宁)。

《周逸群报告》称：敌钱大钧部一面败退会昌，一面将后方部队集中会(昌)城。当时我方有两个意见：一、贺、叶、刘、周等主张攻击会昌之敌以图歼灭之。二、俄顾问纪功主张避战，速到汀州、上杭入粤。争论结果始多数决定叶部即日向洛口前进，第(二十)四、(二十)五两师为主力军，攻击会昌之敌，一面由我率教导团、第六团及第二师之第五团为佯攻部队，约定24日拂晓同时向该敌实施总攻击。

朱其华《一九二七年底回忆》称：到总指挥部去看望总指挥。总指挥部设在大埔会馆，这是一幢很好的洋房。总指挥、廖主任，还有一个俄顾问，三个人同在楼上一个精致的房间里，这房间里铺着三张行军床，就是他们三个人睡的。

阿托里斯夫斯基，苏联顾问。据王唯廉在《南昌暴动史》一书记载，民国二十二年一月三十日版的《现代史料》一书中，曾有这样一段文字："叶贺军自入汀州上杭，闽西闽北之杂色部队，纷纷来投"，"此时叶贺如取福建，全省唾手可得，故当时贺之俄国顾问阿托里斯夫斯基的主张，暂以汀杭作根据地，就地训练农军，等半年八个月之后，再相机进行。但革命委员会首脑都反对此议，叶挺尤主非立刻入粤不可，但亦有一部分同情俄国顾问主张，故意见甚歧异。"

陈公木，原名金相善，又名丁公木、李炳熙，朝鲜族，生于朝鲜庆尚南道山清郡。1918年，从釜山商业学校毕业。次年，参加朝鲜“三一”运动被捕入狱。出狱后，辗转来到中国。1923年3月，考入北京高等师范学校，一年后退学。1925年8月，又入上海惠灵英语专门学校学习一年多。1926年4月，进入广州黄埔军官学校学习军事。同年8月，转至中央军事政治学校武汉分校。1927年6月毕业后，前往南昌参加八一起义。1928年3月，在上海加入朝鲜共产党（ML派）。同年7月，赴吉林磐石县任中国朝鲜人同盟庶务部长。1929年6月，改任朝共满洲总局组织部长。1930年7月，在磐石县加入中国共产党。此后，以中共满洲省委巡视员身份在北满（今吉林省长春市以北地区）进行革命活动，向省委提交了由他起草的《少数民族运动委员会意见提纲》。1931年初，被派往安图县组建中共县委机关，任县委书记。同年3月，又调任中共延和县委书记。1931年4月8日，在延吉县朝阳川茂山林从事革命活动时遭敌逮捕。押往朝鲜汉城监狱，后判处7年徒刑，囚禁中被折磨致死。

毕士悌，原名金勋，又名杨宁、杨林，朝鲜人。1919年流亡中国。1921年入云南陆军讲武堂学习，毕业后任黄埔军校第三期学生队队长。1925年加入中国共产党，北伐时任叶挺独立团第三营营长，1927年参加南昌起义、广州起义，后任中共满洲省委军委书记，1932年秋进入中央苏区，红军长征时任军委干部团参谋长，到陕北后任红十五军团第七十五师参谋长。1936年2月在东渡黄河作战中牺牲。

毕士悌是否参加了八一起义，也有不同的说法，不过在《南昌起义、秋收起义、广州起义人名录》一书中，却收录了他的简介。因此我们也暂且把他收录于此，以待进一步查证。

另外还有一位不知姓名的朝鲜人。据向河在《难忘的一九二七年》中回忆会昌战斗情形称：“战斗正在紧张的时候，我的步枪忽然出了故障，枪管烧红了，弹壳卡在枪膛，弹底全部掉下来，说什么也退不下来，眼看着敌人一步步靠近我们，心里急得像热锅上的蚂蚁一样。没有办法，我只好报告排长，排长是个朝鲜籍的同志，他叫我用好弹顶住弹壳，再用力顶好子弹，当空弹壳套在好子弹上面以后，再用力退出子弹，我退下两步，照着他的办法去做，弹壳退下来了，这时伏在我旁边的江光栋同志，担任了我们两个人的射击任务，他由卧射改为跪射，因为目标暴露，遭到敌人集中火力射击，额部中弹，牺牲了，江光栋同志和我同班，是湖南人，是个优秀的共青团员，是一个坚强勇敢的战士，他牺牲时还不到二十岁。”

据李奇中在《朱德同志教我们战斗》一文回忆：“部队利用十六军一四〇团这一番号做掩护，求得休息和整训的机会，……于是部队便在粤北韶关的犁铺头停了下来。有一天，教导队刚出早操回来，传令兵就跑来找我说：‘李队长，朱夫子叫你去一趟。’不知是因为朱德同志任过教育团团长的缘故，还是因为他那较大的年纪和慈祥的长辈作风，当时同志们都亲热地管他叫朱夫子。我连忙去了。一进屋，就看见教导队的副队长蒙九龄同志和一区队长，越南人，名字记不得了，早已在那里了。”

目前为止，关于外国同志的材料仅限于此，南昌起义队伍，因为有外国同志的参与，增添了不少的色彩，期待在未来的日子里，我们还会有新的发现。

（肖燕燕执笔）

十二、南昌起义中的伤员

南昌起义胜利以后，国民党反动派受到了巨大的震撼，凶恶强大的敌人如潮水一般，从四面八方向南昌涌来。

起义部队按照“立即南下、占据广东”的原定计划，从8月3日到5日分期分批撤离南昌。当时正值盛夏，山路崎岖，骄阳似火，起义部队身负重荷，艰

福建长汀福音医院

傅连暲

难行进。由于反动派的宣传，沿途农民闻风而逃，吃的喝的都搞不到，有的部队甚至一天喝不上一碗稀饭。部队出现了严重困难，一路上伤病员逐日增多。“这样的行军，若以平常军队，决不能维持，只有鸟散。但我军有政治理想，有战争目标，上下融洽，军心同一，虽在如此困难地步，即极苦之兵士，亦无怨言，只知向前是生路。”

9月初，起义部队在壬田和会昌，先后与敌钱大钧部、黄绍竑部打了两仗，起义军虽以少胜多，取得南进途中的一个大胜仗，但兵力也受到很大削弱，伤亡800余人。由于战斗比较残酷，伤员的伤势都比较严重。“有的头部中了子弹，有的腿部受了重伤，还有的被打断了手臂打折了腿。”

当时起义军的300多名伤员被送到福建汀州城内的福音医院救治。这所医院原是英国教会开办的，规模不算大，设备也不太齐全，可在当时已经是远近几百里内数一数二的大医院了。傅连暲同志任福音医院院长，他早就和汀州全城的医生们约好，有伤员来，就以福音医院为中心，成立合组医院，由当地学校的教员和学生来担任护理工作。

会昌离汀州有180里山路，加上天气炎热，许多伤员的伤口都化脓了，必须赶快开刀。可是，能够动手术的外科医生只有三个，“三个人要替三百个人动手术和进行其他治疗活动，真是紧张得全都透不过气来。不过大家热情都高得很，白天黑夜连着干，从没一个人说累。”

护理人员大多是年轻的男女教员、学生，他们不但没有经验，许多人一看见血就发抖，一看见脓就要呕吐；可是现在都抢着替伤员上药，喂水喂饭。有些伤员本来需要及时开刀将子弹或弹片取出，才有好转的可能，而事实上又办不到。他们只好每天为伤员换药，以减轻伤口腐烂的程度。再加上那时天气炎热，疫痢流行，不少伤员除了战伤，又染上了流行病，护理工作就更加紧张了，简直是昼夜不分地干。

有些护理人员除了护理，就是想尽办法为伤员同志解闷，讲些故事给他们听。有一次，女兵彭援华讲了一个《三国演义》中关公刮骨疗毒的故事，伤员同志一个个听得眉飞色舞起来，有的伤员同志激动地说："同志，关公真是一位了不起的英雄，我们这点痛苦算得了什么！"

陈赓同志在会昌战斗中腿骨被子弹打断了，住在福音医院附近的新安楼。他因流血过多，脸色焦黄，身体非常虚弱，伤腿肿得有钵头粗，红而发亮。据傅连暲同志回忆，每次替他疗伤时，他从不喊一声疼，房间里总是充满他朗朗的笑声，体现了一位革命者大无畏的革命精神。伤腿最后用保守疗法被保住了。傅连暲回忆说："南昌起义部队的第一批伤员，有的不久就随部队南下了，有的留在福音医院里继续医治，……以后他们也陆续出院归队了。陈赓同志带着没有痊愈的断腿，徐特立同志带着才退烧的身体，都走了。可是他们乐观、坚定的笑容，他们清朗、有力的话声，却在我心中留下了深刻的印象。"

（齐刚执笔）

十三、南昌起义决策中的地理因素

1927年7月15日，以汪精卫为代表的武汉国民党右派集团撕下了“左派”的伪装，悍然宣布“分共”。大革命遭受严重挫折。7月上旬改组后的中共领导机构中央临时常务委员会抛弃了右倾退让的政策，布置了一系列应变措施，其中就包括武装起义的准备。7月19日，中央派李立三、邓中夏、谭平山等人赶到九江，实地考察九江形势，以便作出起义的进一步计划。

尽管李立三等人在九江考察后发现张发奎已经日渐右倾，依靠张为领袖回粤运动，很少成功之可能；但共产党手中已经掌握着一支军队，那就是叶挺的第二十四师，这支主力部队恰恰在九江；还有一支由叶挺曾指挥过的部队改编的第二十五师，正驻在九江至南昌中间的马回岭一带；另一支深受党的影响的部队贺龙的第二十军，此时驻扎在九江附近的黄石、石灰窑一带，并正在向九江开进。这些队伍都是在武汉政府提出的“东征讨蒋”名义下从武汉出发的。约在7月23日，贺龙部也进驻九江，此时贺龙已听谭平山透露了起义的设想，贺龙反应“甚为热烈”。这样，准备参加起义的两支主要队伍已集中到了九江。但不可能在九江发动起义。因为第一，从地理条件看，九江离武汉很近，而武汉是反革命的大本营，一旦反革命军队从武汉来袭，在九江的起义军没有充裕的时间撤离；第二，九江对面驻有反动军阀唐生智的大军，对九江直接形成压力；第三，张发奎即将率领他的军队从武汉来九江，如果在九江起义，势必与张的军队发生直接冲突，而这是起义军高级将领所不希望看到的；第四，如果在九江起义，驻马回岭的第二十五师要到九江集中，然后又再南下，等于是来回奔波。反之，尽快将准备起义的部队撤离九江，才是可行之道。而南昌恰好是从九江去广东的必经之地。于是7月24日，在九江的高级干部再次开会，“更有进一步决定，军队二十八日前集中南昌，二十八日晚举行起义，并急电中央征可否”。中共中央批准了九江同志的意见，并派出周恩来作为前敌委员会书记领导起义。此时起义的地点已经决定在南昌了。

中共中央临时常务委员会之所以同意九江同志在南昌发动起义的意见，是考虑到了南昌有许多有利条件。除了政治上共产党有较好的群众基础，军事上敌军兵力比较空虚（仅有6000人）等因素外，从地理条件来看，第一，南昌是从九江往广东去的第一个大城市，是江西政治、经济、文化的中心，有利于部队的驻扎集中，亦可筹集资金，解决补给；第二，九江至南昌不算太远，约135公里，又有南浔铁路，起义军乘火车从九江赴南昌方便迅速，而当时的南浔铁路不能跨越赣江，在南昌的终点是昌北的牛行车站，与南昌有一江之隔，这样，即使反动军队乘火车来进攻，起义军还可以借赣江的阻隔来防守；第三，当时南昌四周有高大的城墙，赣江在城外绕城而过，一旦敌军来攻，以当时的武器水平，防守方显然要占上风，所以起义之后短期内南昌城不失为一个可守之地。当然，按原定方案不守南昌，弃城南下广东，也是一种选择。总之，南昌起义之后可守可走，到时可相机行事。

事实证明，选择在南昌举行起义是正确的。起义比较顺利，歼敌3000（绝大部分是俘虏），击溃敌人3000，取得了胜利。接管了江西省银行，财政上取得了补给；占领了敌军火库，装备上得到了充实。政治上成立了革命委员会，军事上改编了军队。驻马回岭的第二十五师大部分也赶到了南昌，参加了起义。总之，基本上实现了起义前的设想。

南昌起义取得胜利后，按中共中央原定方案，起义军应迅速南下广东。但在南下道路的选择上出现分歧。讨论“关于回粤路线的问题当时有两种意见，一种意见主张由樟树、赣州取道韶关，沿粤汉路直取广州。另一种意见主张由赣东经寻乌直取东江，以为是此路线可以避免敌人的攻击，并且可以很快与东江农民暴动联络。当时俄顾问、恩来及参谋团同志都主张后者意见，只有很少军事工作同志及一部分非军事工作同志主张第一种意见，所以结果遂决定取道赣东取东江”。

又据叶挺的报告：“因此时朱培德所部四师，在吉安一带与李济深所部钱大钧、黄绍竑各军，共约十三团对峙。最初本拟利用交通便利，由吉安、赣州入韶关直取广州，但计算敌人兵力较多。纵能将朱培德所部、李济深所部完全消灭，但到韶关后，李济深利用粤汉铁路之便，可以集中五师以上兵力与我决战，我们必不能取胜。且张发奎所部两师尚可以蹑我后路，更无法应付。最后决定取道江西东南部山路入粤之汕头。”从这段话可以看出，单从地理条件来讲，原来是打算“利用交通便利”，走吉安、赣州那条大路，无奈敌情严峻，不得不改走赣东小路。这是限于敌情严重的条件不得不做出的一种选择。因为做出决定时不能仅仅考虑地理因素，其他因素的影响有时更重要。

后来的事实证明，走赣东小路，在瑞金之前一直未遭到敌大部队阻击，达到了原先确定的避战的目的。但临川、瑞金一线，毕竟是一条小路，山路崎岖，行军困难。虽然刚出发时，南昌到临川基本是平路，可是由于刚开始行军，动员、组织和宣传不甚得力，部队顶着毒日行军，中暑生病者不少。到临川经过整顿后，加强了宣传工作，调整了行军时间，中午酷热时休息，抓紧早晚凉爽天气行军，情况大为好转。可是由于赣东一带本来就比较偏僻，加之群众受了反动派欺骗宣传，纷纷逃离躲起来，以致起义军所到之处群众甚少，不仅达不到宣传革命的效果，还增加了补给上的困难。例如到宜黄县城时，原有2万人的县城仅剩下40多个60岁上下的老人。周逸群就曾总结道：“由小路回粤，交通不便，给养困难，以致损失甚大。行军亦太迟缓。”对走赣东小路有所批评。不过反过来讲，即使走吉安、赣州的大路，虽然交通便利一点，但敌情严重，而且补给方面也可能遇到困难，受到反动派宣传和胁迫的群众一样会逃离躲起来。

不管走哪条路，都是有得有失。而从进军广东、直趋潮汕(东江)这一目的来看，走赣东，地理上显然更近，加上敌情等因素，选择这条路应当说是得大于失。

南昌起义军南下途中，在瑞金、会昌与前来阻击的敌钱大钧、黄绍竑部展开激战，将敌击溃。会昌战役胜利后，起义军重新研究了行军路线。

按原定计划，是从寻乌直走筠门岭进入广东。从地理上看，这是一条最近的路，但此时出现了一些新的情况，迫使起义军改变了原定计划。第一，会昌激战后，起义军有伤员近千人，而且缴获了大量的枪支弹药。如何解决众多伤员和战利品的运输，这是一个大问题。如果走寻乌、筠门岭，在崎岖的山路上抬着伤员行军，势必极大地降低部队的机动能力。第二，第二十军参谋长陈裕新叛逃后，已在武汉把起义军将在寻乌集中的消息透露给了各家报纸，军事计划成了公开的报道，毫无秘密可言，必须加以改变。第三，会昌激战，黄绍竑虽然败退，但他的部队基本实力仍在。如果起义军直接由寻乌入粤，他的部队必然蹑我后部，对起义军后方形成严重威胁。为此，起义军决定改变行军方向。

新决定的行军方向是，部队由会昌退回瑞金，再进入福建的长汀，由长汀南下广东。做出这一决定的原因除了上述三点，最重要的就是地理条件：借助汀江的水上交通便利。

汀江是一条发源于武夷山南段东南一侧的河流，是福建省的第三大江。河流方向大致是由北向南，流经长汀、武平、上杭、永定四县，在福建的永定出闽入粤，至大埔县的三河坝与梅江汇合后称为韩江，然后一直向南流至潮州入海。汀江水量丰沛，水流湍急。从长汀至上杭是它的中游，水面开阔，河谷较为宽广，起义军完全可以借助汀江，利用船运解决伤员、武器等的运输。下游虽然多礁滩，但好在当时是9月份，天气不算冷，即使有落水者，只要会游泳，危险不会太大。正是考虑到汀江的地理条件，起义军改变了原定计划，采取了新的由闽入粤的路线。

起义军按此计划行军,伤员在长汀的福音医院受到了以傅连暲为首的医护人员的精心治疗和护理。大部队随之由长汀顺流而下。虽然有少数船只在下游被礁滩撞碎撞翻,但大多数船只还是载着人员、装备顺利地到达了三河坝。

后来有人指责起义军不应改道福建入粤,实在是没有全面了解情况。且不说上述起义军做出改道入粤时所面临的种种情况,单就起义军进入福建后,受到群众的欢迎以及在上杭与地方党组织取得联系,进一步发动群众、宣传革命等实际效果来看,改道由闽入粤的所得也是远大于失的。

南昌起义军于9月下旬沿韩江进入东江地区,敌军望风而逃。起义军顺利地占领了潮州、汕头,并开始向广州进发,一时革命声势大振。但10月初在揭阳汾水一带与优势敌军激战后失利,撤退途中又遭敌袭击,主力部队受挫。潮州、汕头的部队也在敌军围攻下撤出城市,首脑机关被迫在普宁流沙召开会议布置善后工作。只有留守三河坝的部队突出重围后,在朱德等人率领下艰苦转战,最后到井冈山与毛泽东领导的秋收起义部队会合。

(陈洪模执笔)

十四、共产国际与南昌起义

中国的第一次大革命自始至终是在共产国际和联共(布)的领导下进行的。据学者统计,1923年至1927年间,联共(布)中央政治局为中国革命问题开过122次会议,作出过738个决议。几乎平均每两周开一次会,每周作出两三个决议,由此可见共产国际和联共(布)与中国革命关系是何等密切。同样,共产国际与南昌起义也有着密切的关系。

1927年4月蒋介石悍然发动"四一二"反革命政变后,共产国际把希望寄托在武汉的汪精卫身上,认为他是左派代表,对武汉政权大力拉拢、支持。随着形势的变化,以汪精卫为首的武汉政权日益向右转。但是5月18日至30日召开的共产国际执委会第八次会议上,斯大林等人仍然认为"武汉是中国革命运动的中心"。5月30日,联共(布)中央政治局做出了关于中国问题的决定,并用电报将决定发给在中国的鲍罗廷、罗易和苏联驻汉口总领事柳克斯。电文大意为:积极开展土地革命,但不要触及国民革命军军官和士兵的土地;改变国民党领导层人员的构成,从下面多吸收一些新的工农领导人加入国民党中央;动员两万共产党员,再加上湖南、湖北的五万革命工农,组建自己可靠的军队;成立以著名国民党人和非共产党人为首的军事法庭,惩办和蒋介石保持联系或唆使士兵迫害人民、迫害工农群众的军官。这就是著名的"五月紧急指示"。这个指示提出的开展土地革命、建立中共自己的革命武装等挽救时局的重要主张,指出了克服革命危机的关键所在,理论上是有积极意义的。但是,斯大林等却寄希望于汪精卫集团能同中共合作执行这个指示。这显然是不切实际的。更糟糕的是,罗易为了表示对汪精卫的信任，不仅口头向汪精卫转达了“五月紧急指示”，而且应汪精卫之要求，向他提供了“五月紧急指示”的电报副本，为汪精卫后来选择时机“分共”提供了借口。6月下旬，共产国际和联共(布)中央发电召回罗易，另派罗米那兹去武汉。

1927年7月12日，根据共产国际指示，中共中央政治局改组，陈独秀离开了领导岗位。由张国焘、李维汉、周恩来、李立三、张太雷组成中央临时常务委员会。7月13日，中共中央发表对政局宣言，谴责武汉国民党中央和国民政府的反动行径，同时开始了武装起义的准备工作。

7月24日，在武汉的中共中央常委们和共产国际代表开会，听取刚从庐山来的瞿秋白汇报，瞿带来了李立三等在九江的同志对起义的意见，认为不能再依靠张发奎，共产党应独立在南昌发动起义。共产国际代表和中共中央同意瞿汇报的九江同志的意见，并派出周恩来为前敌委员会书记，赶赴九江，去南昌具体领导起义。

7月26日下午，中共中央常委们和共产国际代表、苏联顾问等再次开会，进一步研讨有关起义事宜，先听取苏联军事顾问加伦将军发言。他提出，如果张发奎能够赞成率部回粤，又不强迫叶挺等退出共产党，可以与他一道回粤；“若张不能同意上述二条件，那我们就不得已要在南昌干起来”。与会者默认了他的意见。其实几天前，九江的同志已经提出过张发奎靠不住了。这实际表明，只有共产党独立发动、领导南昌起义这一种选择了。

加伦报告后，共产国际代表罗米那兹说，现在起义的经费一时无着落；又传达国际来电，“不许俄顾问以任何形式参加这次暴动”(实际上贺龙部队中的苏联顾问库马宁参加了起义)，“如暴动毫无胜利希望，则不如不进行暴动，张发奎军中的同志尽行退出，派往农民中工作”。对共产国际来电精神，从积极一面理解，可以认为只要有一线胜利的希望就应该坚决地举行起义。但如果从消极方面理解，便要求起义必须有胜利的希望，否则就将军队中同志撤退到农民中去工作。张国焘正是借着这一点，匆忙赶到南昌以“传达共产国际最新精神”的名义，召开会议企图取消起义。他的企图遭到周恩来、李立三、谭平山等众多领导干部的坚决反对，他只得表示同意起义。

南昌起义排除了阻力和困难，8月1日打响了武装反抗国民党反动派的第一枪。起义胜利后成立了集党权、政权、军权于一体的国民党革命委员会，其中有许多著名的国民党左派和无党派人士。有人认为，由这些人加入革命委员会，实际上是贯彻共产国际“五月紧急指示”中关于改变国民党领导层人士的构成那条意见。这种说法有一定道理。同样，南昌起义提出了土地革命的口号，而开展土地革命正是“五月紧急指示”的重要内容。由此可见共产国际的指示与南昌起义的关系。从某种角度来看，南昌起义可以说是以另一种方式贯彻共产国际的“五月紧急指示”。

共产国际不仅对南昌起义有指导性意见，而且也有具体指示，如起义胜利后南下广东，便是共产国际代表和中共中央早就决定下来的路线。长期以来，有不少人批评南下广东的战略，认为这是导致起义军后来失利的重要原因。即使这种批评能够成立，南下这一战略失利的责任也不应由南昌起义的领导层承担，而应由做出这一决策的共产国际代表和中共中央来承担，因为南昌起义的领导者只是执行这一决策。同时，共产国际也确实做过努力来支持南下广东这一决策。起义军9月上旬到达瑞金、汀州一线时，率领起义军南下的周恩来曾派人给中共中央送去一封信，信中除了汇报起义军的情况，还要求中央几件事，其中之一是“子弹及机关枪缺乏，请电国际能于外埠装好货物，一俟汕头攻下，在十日内能运至汕头方好”。有消息证实，起义军占领了港口城市汕头后，苏联为了支援起义军，派了一艘满载武器的商船到汕头附近的公海上。由于敌人的阻拦，加上起义军很快失利，这艘船未能与起义军取得联系，等待几天后便离开了。

（陈洪模执笔）

十五、八一起义发生在南昌的原因

对于八一枪声为什么要在南昌打响，不少人心存疑惑。当时湘、鄂、赣、粤四省的工农运动都在蓬勃地开展，广东更是具有军事、地理、财物、交通等优势，且内不受军阀包围，外不受帝国主义封锁，共产党人为何要舍近求远，把起义地点选在南昌？

回顾南昌起义的历史，我们不难看出：一方面，当时的斗争形势促使共产党决定在南昌发动武装起义；另一方面，各地武装力量在南昌地区的集中，成为党确定在南昌举行武装起义的先决条件。

1927年的春夏时节，正当北伐战争胜利发展到长江流域的紧要关头，蒋介石、汪精卫之流，相继背弃孙中山先生的革命政策，先后在上海、武汉

老南昌

等地发动了反革命政变，轰轰烈烈的大革命遭到失败。血的教训警醒了善良的人们，中国共产党人开始认识到武装斗争的极端重要性，认识到组建自己军队的必要性，于是决定以举行武装起义来反对以蒋介石和汪精卫为首的宁、汉反动政府，独立地领导土地革命斗争。

1927年上半年，尤其是从5月21日长沙发生反动军官许克祥的叛变事件即“马日事变”，到6月底的短短一个多月时间，以汪精卫为首的武汉政府和国民党中央，表面上虽然继续声称将召集正式会议“讨论决定分共的问题”，但在实际行动中却已经在实施镇压工农运动的反共反革命勾当。在这第一次国内革命战争面临最终失败之际，中国共产党和革命阵营内要求反抗的呼声越来越高，党的许多重要干部如毛泽东、周恩来、蔡和森、李立三、恽代英等以及广大共产党员和革命群众，积极行动，力图挽救革命。但是由于陈独秀的右倾错误领导在党内占了统治地位，再次贻误了革命的时机，致使革命势力最强大的湖南、湖北和江西的工农革命力量损失殆尽，党在国民革命军中的影响力也主要限于张发奎第二方面军中的一部分。

张发奎能统率4万之师，成为武汉政府中举足轻重的风云人物，主要得益于共产党的帮助。大革命时期，我党派了大批干部到张部带兵，使这支部队战斗力大为加强。当时叶挺、贺龙、蒋先云、卢德铭、周士第等先后在张部担任师、团军官。营、连级军官以及主要的政工、参谋人员多为共产党员。共产党人在部队中严格治军，身先士卒，并大量吸收工农分子加入部队，使张部实力大增。这样，一方面为张发奎迅速升迁创造了条件；另一方面，张发奎所属部队中相当一部分军官属于被我党直接掌握或受我党影响，最有可能成为此后武装起义的军事骨干。因此，张的军事行动，对我党起义地点的决定有着直接影响。也正是在这个时候，武汉政府再度酝酿东征讨蒋，这在客观上为中国共产党以张发奎部为依托，离开武汉另谋发展提供了机会。这样，当时隶属于张发奎第二方面军的贺龙第二十军和叶挺的第十一军第二十四师，也就以东征讨蒋的名义离开武汉，来到九江。此外，其他我党所能掌握和影响的部队也相继来到南昌一带，这就为南昌起义奠定了基础。

1927年7月19日，李立三等一批党的重要干部，奉中央命令到达党的力量较强的第四、第十一军的驻地九江，做部队移师广东的准备工作。此前中央军委已派前敌军委书记聂荣臻前往九江联络部队。20日，谭平山、李立三、邓中夏、吴玉章、叶挺、聂荣臻等在九江的同志召开会议，对当时的革命形势进行分析，认为张发奎已向汪精卫靠拢，态度右倾；而四军、十一军又正面临着被驻于南昌、临川、樟树的朱培德第三军、第九军及由萍乡向南昌移动的程潜第六军包围的危险。因而，会议认为，必须抛弃依赖张发奎之政策，进行独立的军事行动，立即在南昌举行武装起义。谭平山等在九江同志的意见，得到了正在庐山休息的瞿秋白等同志的同意，并由瞿带交中央决定。第二十军军长贺龙23日到达九江后对此也持赞同意见。

接着，邓中夏、谭平山、恽代英、李立三等又具体研究了起义的计划、政纲、宣言，以及组织与宁、汉国民党党部相对抗的中国国民党革命委员会等问题，起义时间定为7月28日，地点南昌，并急电中央请求批准。中央常委接到报告后，完全同意，决定由周恩来、李立三、恽代英、彭湃四人组成党的前敌委员会，由周恩来任书记，负责领导这次起义。

1927年7月25日，前敌委员会书记周恩来来到九江，随即召集党的负责同志开会。当时，党中央发动武装起义的大政方针已定，但尚未确定具体时间和地点。会上，周恩来体察详情，“认为形势既如是，对在浔同志的意见完全同意。遂积极进行军事准备，并由中夏同志将详细计划回汉报告中央”。此处的“形势既如是”，很大程度是指南昌及其附近已集中了我们党直接掌握和影响的一批武装力量。其时，除有由武汉来到九江的贺龙、叶挺所属部队外，还有在南昌的朱德指挥的第三军军官教育团和南昌公安局的两个保安队，有驻南浔铁路马回岭车站附近、以在北伐中号称“铁军”的独立一团为骨干的第二方面军第四军第二十五师，另有工人纠察队和农民自卫军等，共2万多人。此外，第二方面军总指挥部警卫团，程潜所部两个团，中央军事政治学校武汉分校的学员，陈嘉佑所部两个营等都已通知向南昌地区靠拢，随时可增援南昌。

由此看来，各地武装力量在南昌地区的集中，是党确定在南昌举行武装起义的先决条件。

中国共产党确定在南昌举行武装起义的客观原因，一方面是因为南昌地区反动势力相对薄弱，而以南昌为中心的江西地区革命基础比较好。当时驻南昌的是国民革命军第五方面军总指挥朱培德部。南昌起义前，朱培德所属的第三军和第九军分别驻扎在吉安、进贤一带。南昌城内所驻的仅有朱培德的一个指挥部及其5个团（其中一个警卫团、第三军的两个团、第九军的两个团），外加程潜指挥的第六军1个团，市区敌人总兵力约有6000人。这与我军的2万余人相比明显处于劣势。除此之外，起义前夕南昌敌军还处在群龙无首的境况。分别担任总指挥的朱培德和张发奎在庐山密谋，策划对我贺龙、叶挺部队实行突然袭击。此时的南昌，较之武汉、上海以及三面环水又有帝国主义军舰游弋的九江，是反动力量相对薄弱的地方。另一方面，南昌的地理环境比较有利。南昌地处赣江之滨，北距长江约130公里，地域辽阔，便于起义部队机动回旋；南昌交通不够发达，陆路仅有南浔线，且其间还有千余米的赣江阻隔；水路虽有纵贯腹地的赣江，但枯水期航道水深不足2米，通航能力有限，不利于敌人向南昌快速机动运兵。因此在南昌发动起义，既能暂时脱离大批反动军队的包围，又有广大的回旋余地，便于起义后挺进广东；尤其是以东征之名进入南昌，在短时间内不致引起城内驻军的怀疑，便于开展各方面的工作。起义地点选在南昌，比起濒临长江、交通发达，既有国民党反动派的重兵集结，又有帝国主义的军舰游弋的九江来，显然要理想得多。

（陈红涛执笔）

十六、没有八一枪声的《东方红》

中国，历史上被称为礼乐之邦。中国共产党领导和团结全国各族人民经过28年艰苦卓绝的斗争，推翻了三座大山，建立了中华人民共和国，取得了新民主主义革命的伟大胜利。创作和编排一部中国式的大型歌舞，对这段当代中国革命波澜壮阔的历史进行宣传，是很有必要，也是完全有能力完成的。由此，被称为中国当代革命历史形象教材的音乐舞蹈史诗《东方红》便登上了全国各地的舞台，历演数十年而不衰。

但细心的人们可能发现，在这部如此经典、优美、感人的史诗中讲述了那么多震撼人心的革命事件，描绘了那么多动人心魄的感人场面，编排了

《东方红》剧照

那么多的或抒情或激昂的歌舞，却唯独没有只字片语提到“八一”南昌起义和中国人民解放军建军节，究竟是怎么一回事呢？

这还得回到20世纪60年代初，时任国家总理的周恩来同志在吸收朝鲜“千人大歌舞”和国内“革命历史歌曲大联唱”等艺术形式特点的基础上，提议并亲自在全国范围内调兵遣将，组织创演队伍，于1964年8月12日开始，仅用了50来天就完成了音乐舞蹈史诗《东方红》的创作。

可以说，国家总理周恩来是《东方红》总策划、总导演。他几乎每天在忙完了一天的国务之后，深夜一两点钟还要来到《东方红》剧组，和编导们一起讨论这项文化工程。大到指导思想，小到具体词曲，他都亲自参与。

按照常理，“八一”南昌起义标志着我党独立领导武装斗争和创建人民军队的开始，是以武装的革命反对武装的反革命所打响的第一枪，必然要写进这样的艺术史诗。事实上，创编小组最初的思路，也要写“八一”南昌起义。但是，这样一个十分正常而且合理的提议，却被作为“八一”南昌起义主要领导者和参加者的周恩来同志坚决否定了。而不写“八一”南昌起义，当然就不能称其为完整的当代革命历史。所以，有些创编人员还是想把“八一”南昌起义列为《东方红》的一章，特别是部队的同志坚持要在史诗中表现这一重大的历史事件，并当着周恩来的面提出了他们的主张。这件事引起了周恩来的不满和不安，他批评了坚持在史诗中表现“八一”南昌起义的同志。周恩来指出，这部革命史诗一定要突出表现毛泽东对当代革命的正确领导和卓越贡献。就这样，《东方红》最终没有出现“八一”南昌起义的内容。

周恩来为什么坚持不同意在《东方红》当中出现“八一”南昌起义的场面呢？其实，谁都会意识到周恩来的初衷。因为，“八一”南昌起义是周恩来亲自指挥的一次革命斗争，要写“八一”南昌起义，必然要涉及周恩来，甚至出现周恩来的艺术形象。周恩来同志坚持不同意在《东方红》中出现“八一”南昌起义的场面，体现了他谦虚谨慎、严于律己的高风亮节。

《东方红》的诞生，距今已达43年了。这部史诗，其本身也已成了历史。站在历史的角度，我们为在《东方红》这样一部全景式反映当代中国革命历史的艺术作品中缺少“八一”南昌起义这一重大历史事件，深深地感到惋惜；但同时也对周恩来同志在处理这件事上的主观愿望，给予高度的肯定和理解。

（张勇执笔）

十七、郭沫若有关南昌起义的几篇回忆录

郭沫若

郭沫若是中国现代文学史上一位重要的作家。第一次大革命期间，他曾担任国民革命军总政治部副主任，授中将衔。1927年八一南昌起义爆发后，他从九江赶到南昌，参加起义，随军南下。

1948年和1949年间，郭沫若连续写了四篇回忆录：《涂家埠》《南昌之一夜》《流沙》《神泉》。追忆自己参加八一起义的经过。他的回忆录是较早发表的有关八一起义经过的文章，距起义的时间不算太久，仅仅21年。因为他的文章发表早，所以基本上全部是记述自己的印象和感受，从记忆的角度来看，没有受到他人回忆录的干扰，当然也不排除其中包含某些偏差或者遗忘。但总体来看，对于研究八一起义历史，郭沫若这四篇回忆录都是宝贵的历史资料，可以从中了解到许多八一起义历史的细节。

在《涂家埠》一文中，郭沫若透露了一个重要的史实，参加八一起义的贺龙、叶挺部队"本来坚守着武汉和唐生智、何键等所代表的反动势力作一坚强斗争，也未尝不是办法。但由于长江下游的封锁，汪精卫等的自私与无

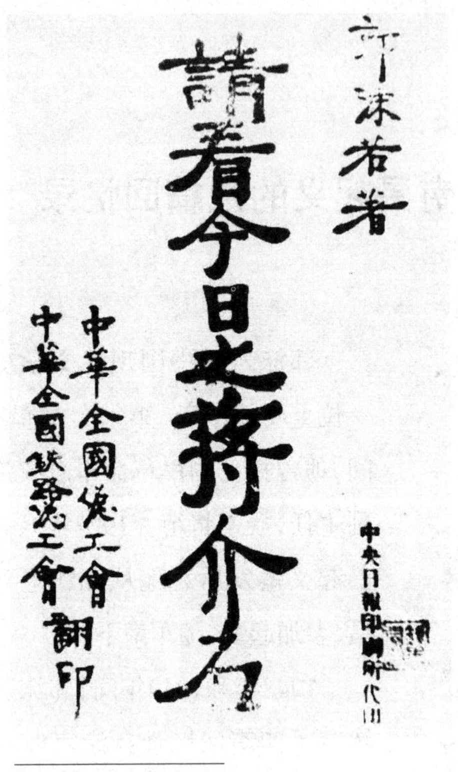

《请看今日之蒋介石》

能，而更加上张发奎的想保全实力，终于全面退让，所有的政府要人和军队，都移到南浔铁路沿线来了。所假借的名义倒是很堂皇的，东下讨伐南京蒋介石”。这里，郭沫若较早地披露了叶贺部队是以“东下讨伐蒋介石”的名义集结到南浔线的。新中国成立后发表的一些回忆录也证实了这一点，比如羊角的《从武汉到南昌》一文也讲到：“……大队长向大家宣布，十一军奉命东征，讨伐叛党卖国的蒋介石，我们教导队随师部出发。”现在史学界对于叶、贺部队以“东征讨蒋”名义集中到南浔线这一史实已经基本达成了共识。

郭沫若还真实地记录了八一起义的消息传到九江后张发奎的态度。8月1日，叶挺、贺龙率部起义后，“张发奎的部属几乎抽成了真空”。张对起义感到意外而且颓丧，他认为八一革命是共产党发动的，而当时人们几乎公认部队中干政治工作的即是共产党，于是张发奎便要解散军队中的政治部。作为第二方面军政治部主任的郭沫若，这时也只能同意这么做，只是要求张发奎对政工人员“以礼遣散，不作留难”。张也同意了这一条。张得知郭要赶往南昌，不仅没有阻拦，还向郭提供了当天的口令和特别口令，并要郭向南昌的起义军转达四条意见：“第一，我希望他们尽速退出南昌，因为我的部队也要到南昌去，免致发生冲突。第二，我听说他们要回广东，我希望他们走东江，不要走赣南，因为我的部队要走赣南回广东，免致发生冲突。第三，河水不犯井水，我们彼此不相干犯，我希望革命委员会以后不要再用我张发奎的名义，做傀儡我不来。第四，我对政工人员一律以礼遣散，希望他们不要伤害了我的人。”

这里张发奎说“做傀儡我不来”是有所指的。八一起义后组织的革命委员会将张发奎列为主席团成员之一，并公布张为起义后改编的第二方面军总指挥。南昌方面这样做实际上是想争取张发奎，而张发奎并不愿跟共产党走。后来郭沫若到了南昌，将四条意见交给了周恩来，周当即表示：“都不成问题。”几天后，便去掉了张发奎名义上的职务。原“兼代总指挥”的贺龙便名正言顺地担任总指挥了。

郭沫若还记述了他和李一氓、阳翰笙、梅龚彬从九江出发乘手摇车赶到南昌的情况。从他的回忆中可以看到，南浔铁路工人的觉悟是非常高的。在当时的混乱形势下，火车已经停开，九江和南昌之间断绝了火车班车，可是铁路工人听了郭沫若的来历和目的后，“尤其自告奋勇，愿意把我们送到南昌”。结果是铁路工人一路用手摇车，奔驰近130公里，把他们四人从九江摇到了南昌。其间，一路上换了好几班工人，需要换人时，在深夜一声呼唤，便有人回应来换班，不曾有一次怨言。从中我们可以看到南浔铁路工人高度的组织性和勇敢无畏的战斗性。这些工人几乎都是南浔铁路工会会员。大约一个星期之前，叶挺部队从九江开赴南昌途经涂家埠时，铁路桥被破坏了，也是在铁路工人的大力支持下，才及时赶到南昌。这些默默无闻、没有留下姓名的铁路工人，为了支援革命不惜一切，他们的事迹和品德永远会被后人牢记。

在《流沙》一文中，郭沫若最早向世人介绍了八一起义领导人召开的最后一次会议——流沙会议。会上，发着疟疾的周恩来作报告，总结了打败仗的原因。尽管后来对八一起义有过不少总结、回顾、反思，但是流沙会议上周恩来的讲话可以说是第一次总结。在总结了失利的原因后，周恩来还向与会人员介绍了善后的办法:“武装人员尽可能收集整顿，向海陆丰撤退，今后要作长期革命斗争。这工作已经做得略有头绪了。非武装人员愿留的留,不愿留的就地分散。已经物色好了好些当地农会会友做向导,分别向海口撤退,再分头赴香港或上海。”随后叶挺、贺龙两位军事主官讲话。叶挺以他平素就有的兴奋的语调,说得简单:“我们再有得一团人,便什么都不成问题啦。到了今天,只好当流寇,还有什么好说！”贺龙以他洪亮的声音,带着愤怒沉重地说:“我被我自己的家族出卖了,连累了革命,对不住大家。但我心不甘,我要干到底。就让我回到湘西,我要卷土重来。”

迄今为止，郭沫若的这些记述依然是研究流沙会议的第一手主要资料。它不仅具有极高的史料价值,而且传神地表现了当事人的性格、心态，极具文学价值。通过郭的回忆录,我们可以形象地感受到周恩来的坚毅、冷静,叶挺的顽强,贺龙的直爽。

郭沫若随后记述了他在农民协会会员和农协主席等人引导下脱离危险的经过。他和几个同伴的经历可说是一波三折、历惊度险。在他的笔下，那位“很矫健,也很亲热”的农民协会的青年,把他们从巨大的危险中解脱出来,隐蔽在山中;连续几天为他们送饭的那位“不矜持,也不畏缩”地当过农民协会主席的老人,以及在神泉港好几天招待他们食宿的那个“为人精明,但丝毫也不奸猾”的碗店陈老板,都尽心尽力地掩护他们,直到把他们送出危险地带。在白色恐怖严重的年代,这些可敬可爱的人们承担着巨大风险去做这些事,实质就是帮助革命。因为他们知道,革命者就代表了他们的利益。正是依靠许许多多的群众的帮助,众多八一起义失利后的共产党员、起义军官兵才得以转危为安,重新投入革命斗争。像前面讲的铁路工人一样,这些农民、小商人也是支持革命事业的基本力量。正是靠了工人、农民的坚强支持,中国革命才最终取得了胜利。

一般来说,回忆20年前发生的事,有些细节难免出现差错,何况郭沫若当时写回忆录时,手边也找不到可供参考的资料。因此有个别情节不准确，在此也不必讳言。

郭沫若在《涂家埠》中讲到：武汉政府所依赖的唯一武力是“张发奎所统率的第四方面军”，这种说法有误。首先，张发奎虽然是武汉政府中举足轻重的军事首脑，但武汉政府所依赖的并不仅仅是张发奎的部队，另外还有唐生智的部队。七月上旬在“东征讨蒋”的旗帜下，唐生智统率第一方面军的第三十五军和第三十六军共约2.4万人，作为东征讨蒋的江左军沿长江北岸东进，唐生智此外还留下第八军留守湖南。其次，张发奎统辖的是第二方面军，而不是第四方面军。1926年北伐开始，张发奎曾在第四军任第三师师长，1927年1月任第四军军长，可能郭沫若记忆中将第四军和第二方面军混在一起，记成了第四方面军。

郭沫若在《流沙》一文中提到“首脑都聚集在天后庙里一个细长的侧厅里开会，做着最后的决策”。大概他落笔时也感到对天后庙这个地点不能确信，便在后面加了一个问号。郭沫若这种态度是很严谨的。事实上，他确实记错了，据后来党史、文物部门考证，召开流沙会议的地方是一个教堂，而不是天后庙。现在这里已经辟为流沙会议纪念地，供游人参观。有机会去广东普宁的人，不妨到那里去实地看一看。

虽然郭沫若回忆录中有几点小差错，但是瑕不掩瑜。他的这几篇追忆八一起义的回忆录，实在值得我们认真阅读，细细品味。

（陈洪模执笔）

十八、南昌起义中鲜为人知的故事

李硕勋使用过的眼镜、烟嘴

李硕勋是四川庆符人,1903年出生于一个城市小资产阶级家庭。曾先后到北京、上海求学,是我国早期学生运动的领袖之一。1927年8月1日,李硕勋参加了著名的南昌起义,任第十一军第二十五师党代表。他与周士第一起率领第二十五师大部分在南浔铁路中段——马回岭起义,在德安火车站收缴了前来追击的张发奎卫队营的枪械。8月2日率部开赴南昌。后来在三河坝战役中,协助朱德粉碎了敌人的一次次进攻,成功地完成了掩护主力部队的任务。后到上海找到党组织,并先后在中共江苏省委和浙江省委担任领导职务。1931年夏任中共广东省委军委书记时,去海南岛指导工作,因叛徒出卖而被捕,9月16日在海口被杀害。眼镜和烟嘴等是李硕勋生前的心爱之物,始终随身携带;牺牲后由夫人赵君陶收藏。

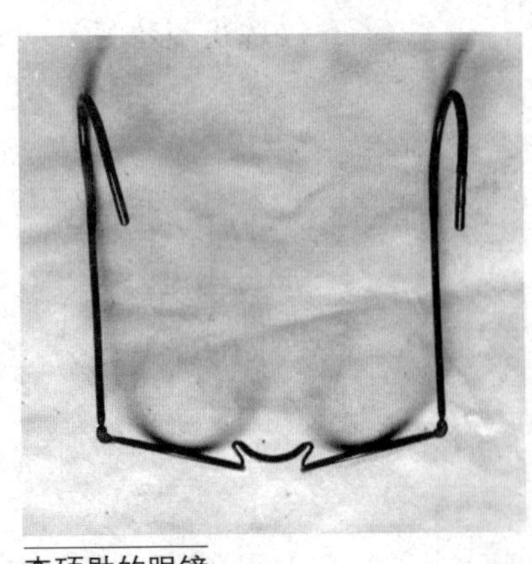
李硕勋的眼镜

1975年,南昌八一起义纪念馆为了更好地纪念、宣传革命前辈的丰功伟绩,丰富本馆陈列内容,派出人员分赴各地征集革命文物。当八一馆工作人员来到北京帽儿胡同,请求李硕勋夫人赵君陶捐献李硕勋同志遗物时,赵君陶老太太虽然年老体弱,正病卧在床,但仍十分高兴地接待了八一馆同志,主动取出一个小箱，将珍藏在箱子里几十年的李硕勋生前用过的眼镜、烟嘴、领带、西装衣裤、袜子、手套、鸭舌帽、棉裤等共10件，全部赠送给了八一馆珍藏并展出。

江西大旅社理发工人胡光武为起义军战士理发用过的工具

南昌起义时，江西大旅社理发工人胡光武，曾为起义军战士理发。起义胜利后，他参加了起义军，并随军南下。后南下失利，他又回到了南昌。1958年，他来到南昌八一起义纪念馆参观陈列展览，主动提起他家还珍藏有当年为起义军理发使用过的工具，随后便捐献出来。

这件珍贵的文物说明了当年起义军受到人民群众的支持，得到人民群众的帮助，并且人民群众在起义军的影响下参加革命的事实。

南昌起义部队使用过的物品——铜脸盆

江西大旅社在1927年时为南昌市第一流旅社，有六个头等房间（即9、10、20、22、24、25号房间），使用了铜脸盆，其余房间则使用的是木脸盆。南昌起义时，整个大旅社都被起义军包租了下来，其中这六个头等房间，分别成为周恩来、林伯渠、吴玉章、方维夏、贺锦斋等起义领导人或领导机关人员工作和休息的地方。新中国成立后，江西大旅社先是为江西省交际处使用，1955年，为恢复起义军总指挥部旧址，江西省交际处迁入江西饭店，铜脸盆也被带往江西饭店。1961年，江西大旅社老工人陈德标、姚锡田向八一馆反映此铜脸盆是当年旅社物品，八一起义纪念馆即与江西饭店联系并取了回来，后一直被八一起义纪念馆珍藏。

1926年版《南昌市全图》

1926年出版的《南昌市全图》，系叶剑英在北伐军攻占南昌后购置，后叶剑英赴吉安任新编第二师师长，把这张地图带往吉安驻地。当叶剑英离

铜脸盆

开吉安时，将这张地图及其他一些随身携带的书籍、地图等物品寄存在老友严玉生家中。1957年由严玉生家属献给南昌八一起义纪念馆。八一馆将这些文物收藏经过写信告诉了叶剑英元帅。叶剑英后来委托叶选平到八一馆来看过这批文物，并说，这些文物请八一馆保管和陈列。

南昌八一起义纪念馆遵照叶剑英的指示，妥善地保管这批文物，并选择性地展出了其中的一部分，如《少年先锋旬刊》《南昌市全图》，1926年叶剑英用过的《黄家渡、乐化、梅岭地区地图》等。这批珍贵文物的展出，受到了观众的欢迎。

伤病员使用过的铁床架

会昌战斗，起义军以少胜多，击溃蒋介石嫡系钱大钧的部队，是南进途中的一个胜仗。这一仗消灭很多敌人，俘敌官兵900余人，缴获各种枪1000余支和一大批辎重。事实证明，起义军是非常勇敢的。但是由于起义军战士年轻，缺乏战斗经验，所以伤亡也很大，共伤亡800余人，起义军兵力受到很

铁床

大削弱，陈赓同志就是在这次战斗中负了重伤。

南昌起义部队到达汀州后，300多名起义军伤病员被送进了福音医院。福音医院代理院长傅连暲立即组织医护人员，夜以继日地为起义军伤病员治疗。陈赓同志的伤腿就是傅连暲用“保守疗法”保住的。

这张伤病员用过的铁床架，正是历史的见证，它见证了傅连暲——一个虔诚的基督教徒，在共产党的感召下，投身到革命滚滚洪流之中，开始了几十年的戎马生涯。新中国成立后，他担任了中央军委总后勤部卫生部第一副部长、中央政府卫生部副部长、中华医学会会长，并被授予人民解放军中将军衔。

（肖燕燕执笔）

十九、南昌起义中的江西人

当年参加南昌起义的江西人共858人，其中已知姓名的93人，在南昌起义中牺牲的3人，新中国成立前牺牲的53人。在此，我们把他们的姓名、籍贯一一列表如下，并对其中的一些人作重点介绍，以表达我们对先烈的怀念之情。

南昌起义中的江西人名录

宁都：王　俊　金万邦　黄步元　彭　澎　温雪堂

于都：王　勇　陈　豪　黄剑峰　萧大鹏　丘　倜
李　骏　李韶九

靖安：王宗渊　舒昧三

萍乡：孔　原　张国焘　张源健　林瑞笙　钟邦武
萧保璜

铅山：叶步青　徐先兆

瑞金：刘　英　刘连标　杨斗文　曾文辉　钟伟椿

临川：许瑞芳　李　干　李井泉　周寿南　章应昌
傅大庆

泰和：杨柳春

新建：李　郁

南昌：李小青　李友桃　李蹊　胡子寿　胡光武
舒国藩　杨　瀛　刘　刚

吉水：李文林　萧国华　曾昭汉

兴国:朱定清　李兰芬　李明兰　陈奇洛　陈奇英

陈赤峰　官隶成　胡灿　萧以佐　萧玉卓　鄢日新

丰城:何幸福　范孟声　黄风卿　熊超群(南下战斗中牺牲)

弋阳:邹　琦

上饶:汪佑春　徐明高(牺牲于赴潮州途中)

新干:邹　努　姚有光

永新:欧阳洛

吉安:罗石冰　曾　山　曾延生

永丰:周　兴　薛佐唐

崇仁:周士及

金溪:周建屏

南丰:赵世藩(起义军南下途中牺牲于广东广昌头陂镇)

高安:胡毓秀

星子:胡德珍

南康:钟肇尧

进贤:桂　朴

横峰:黄　道

乐安:黄其祥

信丰:萧凤鸣

万安:萧素民　萧炳章

鄱阳:邓鹤鸣

其他:黄野萝

部分南昌起义中的江西人介绍

徐明高(1900—1927),江西上饶人。1926年,为了策应北伐,回江西工作,在国民党江西省党部任职。大革命失败后,参加南昌起义的宣传鼓动工作，并任朱德的秘书。后随起义部队南下，行至三河坝，因患病往潮州就医。途中不幸与敌遭遇，壮烈牺牲。

赵世藩（1903—1927），江西南丰人，1926年1月考入黄埔军校第四期步科第二团第一连学习，结业后，在叶挺部任连长。同年夏，参加北伐，后升任营长。1927年8月参加南昌起义，后随部南下广东，途经广昌头陂镇时，遭国民党军截击，战斗中牺牲。

熊超群（？—1927），江西丰城人。1926年春赴广州农民运动讲习所第六期学习，11月回丰城从事农民运动。1927年4月任中共丰城支部干事会书记。同年8月参加南昌起义，后随军南下，在战斗中牺牲。

曾延生（1897—1928），江西吉安人。曾任九江地委书记。后调到南昌，先后担任江西省总工会组织部长、代理委员长。南昌起义爆发，曾延生投身起义部队。他在粮秣管理委员会任委员，随军前进，日夜奔波筹办粮草；9月下旬返回江西工作。之后调往赣州担任中共赣南特委书记。1928年3月不幸被捕，不久从容就义。

曾延生

1930年11月，毛泽东率领的红军撤离吉安时，毛泽东由曾延生烈士的弟弟曾山陪同，专程访问了烈士的家乡，亲切慰问了烈士的母亲。

黄道

黄道（1900—1939），江西横峰人。1927年8月1日，中国共产党在南昌领导了著名的南昌起义。黄道和罗石冰一起作为江西地方党组织的负责人，组织工人、学生成立担架队，发动群众捐款1万余元，配合和支援了起义。当时捐款的收条和回信作为革命文物已被南昌八

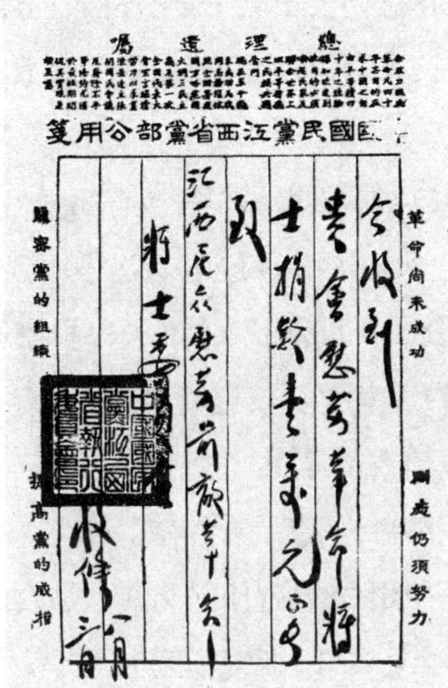
總理遺囑

中國國民黨江西省黨部公用箋

革命尚未成功 同志仍須努力

鞏固黨的組織 提高黨的威權

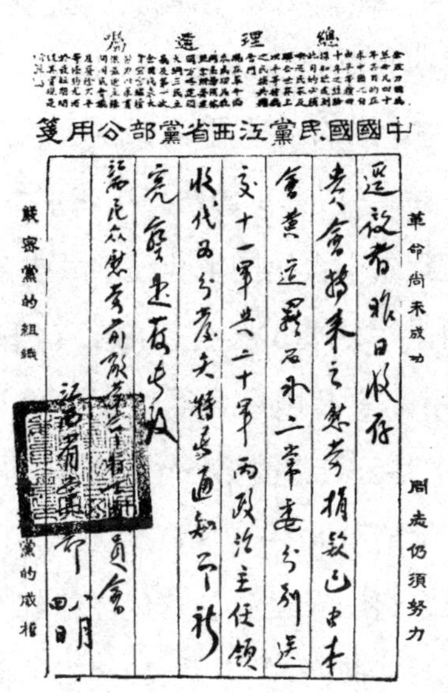
總理遺囑

中國國民黨江西省黨部公用箋

革命尚未成功 同志仍須努力

鞏固黨的組織 提高黨的威權

中国国民党江西省党部收到江西民众慰劳前敌革命将士的捐款的收条和回信

一起义纪念馆珍藏。

历任中共中央东南分局委员兼宣传部长、统战部长，新四军南昌办事处主任，中共江西省委宣传部长等职。1939年5月在铅山病逝；陈毅将军得悉后十分悲痛，立即写了《纪念黄道同志》一文，称赞他是“江西人民革命领袖，中共优秀的领导干部，马列主义的活动家，抗日的新四军的创造者之一”。

李文林（1900—1932），江西吉水人。是赣西南红军和革命根据地创建人之一，1927年春在朱德军官教育团任军事教官。大革命失败后，参加南昌起义。尔后创建了以东固、延福、桥头为中心的革命根据地，成为红四军向赣南、闽西进军的支撑点和策应地。毛泽东称其

周兴

为“李文林式”的根据地。后任中共江西省行动委员会书记、江西省苏维埃政府执行委员。1932年5月30日，因肃反扩大化，在中央革命根据地万泰被错杀。1945年中共七大追认为革命烈士。

周兴（1905—1975），江西永丰人。1927年夏入南昌军官教育团学习。后因病到永丰会馆同乡会任中共支部委员。参加了南昌起义。新中国成立后，任西南军政委员会公安部部长、国务院公安部副部长、最高人民检察院副检察长、中共山东省委书记处书记、中共云南省委书记处书记、云南省省长、中共云南省委第一书记兼昆明军区政治委员等职。

邹琦（1905—1936），江西弋阳人。大革命失败后，参加南昌起义。后返回家乡组织农民武装。任江西红军独立一团团长，后任闽北独立师政治委员、中共闽赣省委委员、闽赣省革命委员会委员、闽浙赣军区参谋长。1935年7月在赣东北被俘，1936年4月在南昌百花洲英勇就义。

叶步青（？—1930），江西铅山人。1927年6月18日，叶步青从农讲所毕业，回到江西。为了提高贺龙领导的国民革命军第二十军的政治素质，加强它的战斗力，我党决定派一些有文化的共产党员参加这支部队，叶步青就是其中之一。他到第二十军当了一名普通士兵，按要求既不暴露自己是共产党员，也不说自己是知识分子，以便和士兵打成一片。通过和士兵在一起生活、接触，宣传革命思想，发展进步士兵加入党组织，扩大党组织规模在部队中的。

1927年8月1日南昌起义爆发，贺龙为起义的总指挥，叶步青所在部队全部参加了战斗。叶步青在战斗中表现非常勇敢，冲在队伍前列，同敌人进行英勇搏斗。后叶步青随起义部队撤出南昌城，向广东方向转移。当部队行进到江西会昌时，遭到敌人的堵截，战斗打得非常激烈艰苦。虽然打退了敌人的进攻，但起义军伤亡也很大。在这次战斗中，叶步青负伤，部队继续南下时，他被留在后方，不久辗转回到家乡养伤。1930年病逝。

罗石冰（1896—1931），江西吉安人。大革命失败后，曾任中共江西省委宣传部长。参加南昌起义，任革命委员会财务委员会委员，负责筹备组织数万群众的庆祝大会，征集民众万元款慰劳南昌起义军。随军南下在战斗中被俘，逃脱后转至厦门。同年冬任中共福州市委书记。后任中共青岛市委书记。1931年1月在上海被捕，2月7日在上海龙华英勇就义。新中国成立后，上海市人民政府为他及同他一起牺牲的烈士立下“龙华二十四烈士”碑，以志纪念。

罗石冰

欧阳洛（1900—1930），江西永新人。1927年5月中共永新临时县委成立，任书记。同年7月奉命赶至省委，参加南昌起义，起义军南下时被派赴上海。先后任中共上海沪东区委书记、沪西区委书记、江苏省委常委、湖北省委书记兼组织部部长。后遭国民党反动派逮捕，杀害于武昌阅马场。

胡毓秀（1906—1983），江西高安人。中央军事政治学校武汉分校女生队学员，1927年7月31日南昌起义前夕到达南昌，起义时在参谋团工作。随总部人员南下。部队到达瑞金后，领导同志宣布，各路来的女同志都集中到革命委员会来。这样，军校女生队的学员又重逢了，领导上发给女同志每人一本“救护常识”小册子，让女同志们学习，以备战争需要。后来果然派上了用场。胡毓秀在潮汕失利后，在潮汕红十字会医院看护伤病员。后来

孔原

同谭勤先、王鸣皋一起坐船到上海,长期担任党的交通工作。新中国成立后任上海市徐汇区政协常委等职。

孔原(1906—1991),江西安源人。曾任江西省总工会组织部长,参加南昌起义时任革命委员会农工委员会劳工科干事。起义部队南下时从事宣传工作,至海陆丰时参加游击队。新中国成立后,历任国家第一海关总署署长、中央财经委员、对外贸易部副部长,中央委员、中顾委委员,1988年被授予一级红星荣誉功勋章。

范荩

范荩(1899—1938),江西丰城人。南昌起义时任国民革命军第十师第三十团团长。《聂荣臻回忆录》中写道:“十师三十团团长范荩,北伐中在河南打得很好,部队很有名气。范荩既是一个出名的团长,也是一位很忠诚的共产党员。”南昌起义后,师长蔡廷锴把部队拉走,脱离起义军,半路上将范荩资遣回家务农。三年后,经张治中介绍,范荩到国民党政府湖南省保安队任上校人事科长。“七七”事变后,任国民党军第一九八师少将副师长。参加保卫武汉的抗日战斗。1938年9月阵亡于湖北黄陂,被追认为中将。

李井泉(1908—1989),江西临川人。1927年时为临川省立第三师范学校学生,南昌起义部队南下到临川时入伍,先在第二十五师当宣传员,壬田战斗后编入第九军,随朱德所部转战赣南。新中国成立后曾任中共四川省委第一书记、成都军区政委、全国人大常委会副委员长、中共中央顾问委员会常务委员会委员等职。

(肖燕燕执笔)

人物篇

一、周恩来与南昌起义

在整个南昌起义的前前后后，有一个人始终扮演着关键角色，这个人就是周恩来。

周恩来

1927年，正当国共合作进行的北伐战争节节胜利、工人武装斗争和农民革命运动风起云涌的时候，革命形势却发生了严重的逆转。以蒋介石、汪精卫为首的国民党反动派先后背叛了革命，将屠刀砍向了共产党人和革命群众。“四一二”反革命政变发生后，周恩来起草致中共中央意见书，同赵世炎、罗亦农、陈延年、李立三、尹宽联名发出，向中共中央建议，趁蒋介石建立的南京反动政权尚未巩固之时，加紧组织武装力量，迅速出师讨伐蒋介石。这是在当时政治军事条件下，挽救中国革命的唯一正确的选择。

从5月下旬起，周恩来负责主持中共中央军事工作。为适应形势的需要，他努力把党的工作重心从政治斗争转移到军事斗争上来，在思想上、组织上和具体工作上，做好进行武装起义的准备。

7月中旬，中共中央临时政治局常委会会议初步决定，以在“东征讨蒋”口号下聚集在九江、南昌一带贺龙领导的国民革命军第二十军、叶挺率领的第十一军第二十四师和朱德领导的第三军军官教育团为基础，在南昌举行武装起义，时任中共中央临时常务委员会委员、军事部部长的周恩来被任命为前敌委员会书记。会后,周恩来当晚就指定聂荣臻、贺昌、颜昌颐组成前敌军委,聂荣臻为书记,先到九江去进行起义的准备工作,并交代说:"什么时候发难,要听中央的命令。"7月24日,周恩来在中共中央临时政治局常委会会议上发言提议:中央从速决定南昌起义的名义、政纲和策略,切实计划发动湘、鄂、赣和广东东江一带工农势力,并要求共产国际经由汕头迅速接济军火物资。会议根据周恩来等同志的提议,最终决定以国民党革命委员会名义在南昌举行武装起义。

举行南昌起义的决策确定后,周恩来立即紧张地进行组织准备和军事部署。7月26日,周恩来在陈赓陪同下赶赴九江,向李立三、邓中夏、谭平山、恽代英等传达中共中央的决定,同时研究了组织起义部队向南昌集结的部署,并派聂荣臻设法把在马回岭的第四军第二十五师拉到南昌,参加起义。

7月27日,周恩来到达南昌,根据中共中央决定,他在江西大旅社正式成立由周恩来、李立三、恽代英、彭湃组成的中共前敌委员会。接着,前委会详细研讨了有关起义的事项,进行了周密部署,决定7月30日晚举行武装起义。

7月28日,周恩来到第二十军指挥部会见贺龙。一见面,周恩来就坦诚地说:"我来拜访你,不是礼节性的。开门见山,我是找你商量起义计划的。我们立刻就谈行吗?"贺龙爽快地回答:"好极了,我洗耳恭听!"周恩来风趣地说:"洗耳恭听是不够的。你是大将军,光洗耳恭听怎么成?还是要动手动脚动枪动炮呢!"随即周恩来向他转达了中共中央关于发动南昌起义的决定和具体的行动计划。举行起义是党的核心机密,周恩来在离开武汉时连邓颖超都没有告诉。那时,贺龙虽然还不是共产党员,但是这位靠两把菜刀闹革命起家的北伐将领,当时已经认定只有共产党才能救中国,只有马列主义才是救国救民的真理,因此拥护共产党的主张。贺龙立即说:"我完全听共产党的话,要我怎么干就怎么干。"

正当起义的准备工作紧张进行的时候,7月29日,张国焘以中共中央代表身份给中共前委接连发来两封密电，提出暴动宜慎重，要等他到达南昌后再决定。周恩来立即同其他前委成员商定，起义决不能停止，继续进行准备工作。7月30日，张国焘在中共前委紧急会议上提出：起义如有成功把握，可以举行，否则不可动；应征得张发奎的同意，否则也不可动。周恩来和前委其他成员一致反对张国焘的错误主张，指出“暴动断不能迁延，更不可停止”；“应当是我党站在领导地位，再不能依赖张”。会议没能解决问题。第二天早晨，周恩来主持中共前委紧急会议，继续争论了几个小时，直到得知张发奎已参加庐山反共会议，张国焘才不得不表示服从多数人的意见。会议最后决定，8月1日凌晨举行武装起义。

8月1日凌晨2时，在周恩来、贺龙、叶挺、朱德、刘伯承等同志指挥下，中国共产党领导的南昌起义打响了武装反抗国民党反动派的第一枪。经过4个多小时的激战，黎明时分战斗结束，起义军占领了南昌城。南昌起义胜利了。

起义军占领南昌后，根据中共中央关于起义军南下广东的决定，当晚，周恩来主持召开参谋团成员会议，研究南下行动方案。8月3日起，起义军陆续出发南征。周恩来于8月5日撤离南昌，踏上南下征途。8月12日，起义军进抵宜黄。为了巩固部队，周恩来把追赶上起义部队的原中央军事政治学校武汉分校党委书记陈毅派到第二十五师第七十三团任政治指导员，加强这支我党最早建立的武装力量的政治工作。他对陈毅说：“派你干的工作太小了，你不要嫌小。”陈毅爽快地回答：“什么小不小哩！你叫我当连指导员也干，只要拿武装我就干。”周恩来的这一人事安排，后来被证明是非常具有远见卓识的。陈毅到这支部队的时间虽然很短，但由于他迅速整顿了党的组织，并把全团官兵团结在党组织的周围，以自己的模范作用和强有力的政治工作巩固了部队，使之在朱德和他的率领下保存了下来。第二年春天，在井冈山与毛泽东率领的秋收起义队伍会师，成立了中国工农红军第四军，为创建人民军队作出了不可磨灭的贡献。

9月5日，起义军进驻长汀。在这里，周恩来主持召开中共前委会议，研讨攻取东江的行动计划，会上有两种意见。会议最后决定，以主力取潮汕，留一部分兵力于三河坝监视梅县之敌，再经揭阳出兴宁、五华取惠州。事实证明，这次分兵的决定是导致起义军南征失败的直接原因。

9月10日，周恩来和彭湃率领起义军一个团进驻上杭。19日，起义军进占三河坝。按照长汀会议决定，起义军在这里实行分兵，由朱德率第十一军第二十五师等部留守三河坝，由周恩来、贺龙、叶挺、刘伯承等率主力部队进军潮汕。23日，起义军顺利攻占潮州。24日晨，起义军进驻汕头。但这时敌军正分三路在潮汕周围集结。经过几天激战，起义军于30日晚撤离潮州，汕头随之放弃。

周恩来这时已重病缠身，撤离汕头就被人用担架抬着行军。10月3日，中共前委机关和从前线撤退下来的起义军部队在普宁县的流沙会合。在这里，周恩来和其他起义军领导人召开了决策性会议。这时，周恩来高烧达40摄氏度，同志们劝他离开部队。周恩来坚决表示："我的病不要紧，能支持得住。我不能脱离部队，准备到海陆丰去，扯起苏维埃的旗帜来！你们快走吧！"会后，起义军余部由流沙经钟潭向去海陆丰道上的云落前进，进入乌石地区时遭敌军重兵截击，周恩来、贺龙、叶挺等指挥部队还击，被敌军截为两段，部队被冲散了。周恩来、叶挺、聂荣臻一行在当地一位党的负责人杨石魂的帮助下，坐船去了香港。

（张勇执笔）

二、贺龙与南昌起义

在八一起义纪念馆展柜里，一张字迹模糊、已经泛黄的党员登记表非常引人注目，它是贺龙同志追求真理的见证。

贺龙

1959年，已是中国人民解放军元帅的贺龙在参观南昌八一起义纪念馆时，深情地回忆起当年要求入党的情形。他说："有人说我要求入党几百次，那是假的，但十几次总是有的。因为我是军阀，所以入党特别难，党要考验我。早在周逸群带宣传队到我们部队工作时，有一次我去找他，发现他正在一个房间里主持入党宣誓仪式，宣誓入党的都是我的部下。事后我就对他说：'老周啊，门不要关得那么死嘛，也让我进去嘛！'"

1927年，蒋介石和汪精卫背叛革命，一时间，反共反人民的逆流甚嚣尘上。在这种形势下，当时身为国民革命军第二十军军长的贺龙在军官大会上慷慨激昂地说："革命到了危急关头，摆在我们面前的出路有三条：第一条是把队伍解散，大家都回老家去。第二条是跟着蒋介石、汪精卫去干反革命，屠杀工农兄弟。我贺龙不管今后如何危险，就是刀架在脖子上，也绝不走这样的路。我要跟着共产党走革命的路！"蒋介石、汪精卫分别派他们的说客用封官许愿拉拢贺龙，但全都被贺龙拒绝了。

此后，贺龙在九江见到了中共中央政治局委员谭平山。谭平山告诉贺龙："共产党决定开展独立的军事行动，希望你率领二十军和我们一起行动！"听到这里，贺龙激动地站起来，说："我贺龙感激党对我的信任。"

在中国共产党准备于南昌举行武装起义的同时,国民党武汉政府也加紧了军队中的"清共"活动。7月24日,第二方面军总指挥张发奎通知叶挺、贺龙上庐山参加军事会议,并将所辖部队集中德安。此时正在庐山的第四军参谋长叶剑英得悉军事会议将要"清共"的内情后,专程从庐山赶赴九江面晤叶挺。随即,叶挺、贺龙、叶剑英、高语罕、廖乾五在甘棠湖的一条小船上商定:叶挺、贺龙不去庐山开会;叶挺率第十一军第二十四师,贺龙率第二十军分别于25日和26日乘火车开赴南昌。至于也准备参加起义的第四军第二十五师,由于师长不倾向革命,不能过早行动,乃确定由聂荣臻负责。

7月28日,贺龙在军部热情迎接前来领导南昌起义的前敌委员会书记周恩来。周恩来介绍了南昌起义计划,征求贺龙的意见,贺龙说:"我完全听共产党的话,要我怎样干就怎样干。"周恩来点点头,说:"党对你下达的第一个命令,就是委任你为起义军总指挥。"8月1日战斗打响后,敌人的机枪封锁了第二十军起义官兵的进攻要道——鼓楼。关键时刻,贺龙一身戎装,

瑞金绵江中学

站在台阶上亲自指挥战斗，鼓舞着起义军官兵奋勇冲杀。

南昌起义后，部队转战到瑞金。9月初的一天，周恩来和周逸群向党的前敌委员会建议，鉴于贺龙在南昌起义和起义后的表现，应满足他要求加入中国共产党的愿望。在瑞金锦江中学，由周逸群、谭平山介绍，贺龙加入了中国共产党。周恩来在贺龙入党宣誓仪式上说：“贺龙同志积极追求真理，是经过考验的，是信得过的。”贺龙入党后，编入了中央特别小组。从此，贺龙完成了由一个旧军人向共产主义战士的转变，成为人民军队的缔造者之一。

（肖燕燕执笔）

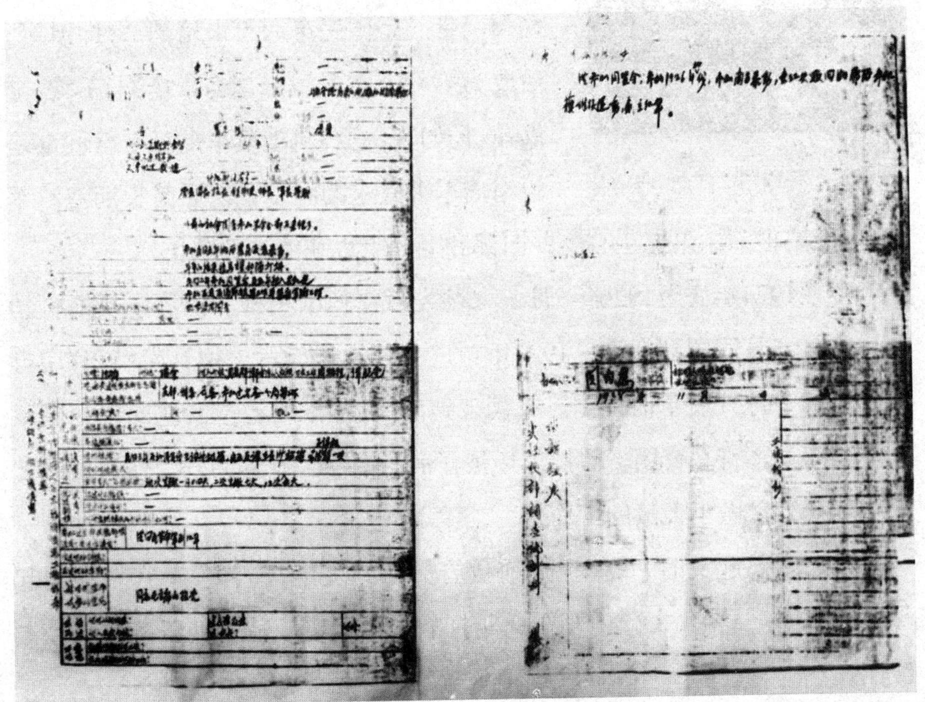

贺龙党员登记表

三、朱德与南昌起义

在八一起义纪念馆的展柜里，有一把南昌起义时朱德使用过的手枪，这把枪伴随他走过了枪林弹雨的岁月。为纪念南昌起义，朱德在这支手枪枪炳上刻上了“南昌暴动纪念”“朱德自用”两行小字，并一直带在身边；直到新中国成立，朱德同志把这件珍贵文物捐献了出来。

朱德

1927年，驻扎在南昌、九江、吉安、抚州、赣州一带的是国民革命军朱培德部(即滇军，后改为第五方面军)。朱德与朱培德、王均、金汉鼎、杨如轩、范石生等滇军高级军官们都是云南陆军讲武堂的同学，以后又长期在滇军共事，交谊很深。朱德还有一些旧部和老同事也在滇军部队里。

早在1924年底至1926年5月，朱德先后在德国柏林和前苏联莫斯科学习，1926年7月回国到上海。1927年1月，中共组织指示朱德到南昌，利用自身有利的条件开展革命工作。朱德来到南昌后，朱培德指派他筹建国民革命军第三军军官教育团。4月，他还被任命为南昌公安局局长。他为发展和保护革命力量做了大量的工作。

八一南昌起义时，朱德根据前敌委员会的决定，部署了军官教育团起义行动方案。同时，朱德还要在战斗打响前完成一项特殊的任务——牵制敌团长。

7月31日下午，朱德宴请敌第二十三团团长卢泽民、二十四团团长肖曰文和两个团副到嘉宾楼吃饭。“客人们”酒足饭饱已是掌灯时分,朱德又提出到大士院32号打麻将。大士院在城西,而这两个团的驻地在城东。拖住这几个敌团长,就为解除这两个团的武装创造了条件。到了牌桌,敌团长四人入局,他们的卫兵被朱德支到外面喝酒寻乐去了。朱德暗示自己的卫兵,阻止一切来访人员,并趁机移开敌团长的自卫武器。

朱德的手枪

起义的时刻快到了,朱德借故离席,佩好手枪,做起义的最后准备工作。半夜以后,起义的枪声响了。几个敌团长惊恐万分,急忙寻找自己的武器。这时,埋伏在屋外的起义军战士一拥而上,不费一枪一弹就把他们抓了起来。

起义胜利后,朱德被任命为第九军副军长。

1927年8月3日起,南昌起义部队陆续撤离南昌南下。朱德担负了一项重要任务:带着第九军教育团作为先遣队,率先踏上南下的征途。朱德出发前,遵照周恩来的指示,分别给金汉鼎、杨如轩等写信,劝他们一起参加革命。驻守临川的杨如轩接朱德来信后,不愿参加起义军,但考虑到同朱德多年的同窗和袍泽之谊,也为保全自己的实力,遂将他的部队撤到城外,悄悄地给起义军让出一条南下的大道。

朱德

起义军南下到三河坝地区,兵分两路,一路由叶贺率领起义军主力部队继续南进潮汕地区,另一路由朱德率领第九军和第十一军

第二十五师的部队，在三河坝阻击敌人。

经过三天三夜的激战，起义军撤出了战斗，准备与主力部队会合，在茂芝地区遇潮汕撤出的部队，得知起义军主力也已失利。

在这之后，朱德率领南昌起义部队余部艰苦转战，在井冈山和毛泽东率领的秋收起义部队会师，从此开辟了工农武装割据的新局面。

（肖燕燕执笔）

井冈山会师纪念碑

四、刘伯承与南昌起义

1927年7月11日，刘伯承经陕西、河南，辗转来到武汉，临时下榻汉口大智门国民党四川省党部办事处。

中共中央军事部部长周恩来得知刘伯承已到武汉，立即召集他和吴玉章、黄慕颜、李嘉仲等商谈，听取他们对时局的看法和意见。大家深入分析了当前局势发展，一致认为中国革命正处于转折关头，革命的武装要向基础较好的广东发展。

刘伯承

7月15日，汪精卫等控制的武汉国民党中央召开"分共"会议，决定同共产党决裂。至此，国共两党的第一次合作，便以蒋介石和汪精卫为代表的国民党右派的叛变而告结束。

刘伯承，他的公开身份是武汉政府委任的暂编第十五军军长。这期间，有人劝他回川，与四川军阀合作，将来或可跨州连郡，雄踞一方；汪、蒋也派来说客，各为其主拉他入伙，说凭他的军事才干，高官厚禄真如探囊取物。刘伯承对于这些来客，以急需休养为由，一一谢绝，听候党的召唤。

7月中下旬，中共中央临时政治局常委会决定在南昌举行武装起义，并确定起义后部队的行动方向：立即南下，占领广东，建立新的革命根据地，实行土地革命。随后又决定由周恩来、李立三、恽代英、彭湃组成党的前敌委员会，周恩来任书记，负责领导这次起义。

周恩来临危受命，军事上急需一个得力的助手。这个人既要有秘密组织大规模兵暴的经验，又要有丰富的作战指挥经验。他选中了刘伯承。刘伯承坚决听从党中央的指示，乘江轮前往九江，参与筹划南昌起义。

南昌，江西省的省会，位于赣江下游东岸。“襟三江而带五湖，控蛮荆而引瓯越”。1927年7月底，这里群英毕集，周恩来、贺龙、叶挺、朱德、刘伯承，以及李立三、恽代英、彭湃、林伯渠、吴玉章等，都来到了南昌，起义的各项准备工作在秘密而紧张地进行着。

7月27日，周恩来在江西大旅社喜庆礼堂召开前敌委员会会议，按照中共中央的决定，宣布前敌委员会正式成立，决定将起义日期由28日推迟到30日。

刘伯承根据周恩来的指示，到第二十军军部协助贺龙拟订起义计划。他与贺龙曾在四川讨袁战争中并肩战斗，久已相识，这次在南昌城里重逢，而且又都汇入到了无产阶级的革命队伍之中，两人格外高兴。计划很快就写出来了。周恩来让征求叶挺的意见。刘伯承初会叶挺，两人过去虽闻名但不曾见面。叶挺接过计划，看得很仔细。看完，立即把计划退还给刘伯承，可始终一言不发。刘伯承感到很奇怪，不知叶挺对计划持什么态度，他就去问周恩来。周恩来笑着说：“噢，你还不熟悉他，他就是这个样子，要是不说话，就是表示赞成。”刘伯承一听，也不禁笑了。

起义计划详细列举了国民党反动军队在南昌乃至江西地区的兵力部署，其中驻南昌的兵力约6000余人。起义军方面共有2万余人，占有明显的优势。但就南昌外围乃至整个江西而言，起义军又处于明显的劣势。

刘伯承前往中共江西省委所在地三益巷，把中共中央关于南昌起义的计划通知了中共江西省委宣传部长宛希俨（1927年7月中旬前，为汉口《民国日报》总编辑，因武汉形势紧张调来江西省委工作）。省委随即召开了省市党团员活动分子紧急会议，传达中央的决定，布置工会、农会、学联、妇联等群众团体，积极协助起义军搞好通信、联络、后勤和宣传工作，并组织工人纠察队和农民自卫军配合起义军行动。

8月1日凌晨2时，由周恩来、贺龙、叶挺、朱德、刘伯承等人领导的具有伟大历史意义的南昌起义爆发了，清晨6时，起义军完全控制了南昌。

8月1日上午9时，在原江西省政府西花厅召开国民党中央委员和各省区、特别市、海外各党部代表联席会议，成立了中国国民党革命委员会，刘伯承被任命为参谋团参谋长。革命委员会成立后，中共前敌委员会很少开会，在连日行军作战的情况下，参谋团实际上成了起义军的具体领导者。

南昌起义部队仍沿用国民革命军第二方面军的番号，贺龙为兼代总指挥，叶挺为兼代前敌总指挥；编为3个军：第二十军、第十一军、第九军。从此，一支由共产党独立领导的、敢于抵抗国民党反动派屠杀的革命军队诞生了。刘伯承就以这支军队的缔造者之一而载入史册。

（张勇执笔）

五、聂荣臻在南昌起义中的地位和作用

聂荣臻

聂荣臻是我党最早从事革命军事工作的领导人之一。1926年7月任中共广东区委军事部军事特派员，1927年5月任中共中央军事部参谋。国共合作的大革命失败后，1927年7月中旬，中共中央在武汉开会决定武装反抗国民党，必要时组织党所领导的北伐军与张发奎武装分离，举行起义。中共中央临时常务委员会委员、军事部长周恩来指定聂荣臻为书记，贺昌、颜昌颐为委员，组成前敌军委，作为中央军事部派往军中的领导和行动小组，前往"东征讨蒋"已到九江一带的第二方面军，秘密通知我党在军中的高级干部，做好随时采取行动的准备。他随即离开武汉，赶赴九江，积极进行组织和联络起义部队的工作，为武装起义做准备。聂荣臻到达九江后，就住在叶挺所部，按中央在武汉开会的决定，第一个通知叶挺；随后，又向在九江受中共指挥和影响的其他部队进行联络，向部队负责同志传达中央的决定，告诉他们整个形势，说明任务，指出国共分裂了，我们没有别的选择，只有起义；告诉他们做好一切准备，一接到中央命令，就立即行动。在聂荣臻的积极工作下，这些部队知道了中共中央的意图，这就为在南昌举行起义做好了思想上、组织上和军事上的准备。

在蒋介石、汪精卫集团相继发动反革命政变后，中国共产党开始认识到独立地掌握军队、领导武装斗争的极端重要性，新改组的中共中央临时

常委会决定联合第二方面军总指挥张发奎，将党领导和受党影响的北伐军部队开回广东，建立新的革命根据地。中央随即派出李立三等党的负责同志来到九江与先期到达的聂荣臻会合，召开会议认真分析当时的政治军事形势；认为张发奎已开始在军队中“清共”，明显右倾，应当抛弃与之合作的幻想；提出我党应在南昌独立举行暴动，并对举行起义的一些具体问题进行了研究部署。由于聂荣臻对部队进行组织联络，整个起义准备工作进行得比较周密，完成了预定任务。接到通知的部队都陆续向南昌集结，有叶挺的第二十四师、贺龙的第二十军，这两支部队都是南昌起义的主力。

在九江完成预定任务后，根据周恩来同志交代的任务，聂荣臻又风尘仆仆地赶到九江与南昌之间的马回岭，与时任第二十五师第七十三团团长的周士第一道紧张地开展工作，决定利用部队午休时间以“打野外”为名，将驻马回岭的第七十三团全部、驻黄老门西南的第七十五团3个营、驻马回岭以南的第七十四团重机枪连全部集中到德安火车站，准备乘火车前往南昌参加起义。正当各部队按预定计划，舍弃辎重行李，秘密向德安火车站集结时，张发奎急忙带领第二十五师师长李汉魂及卫队营乘火车追来。这时聂荣臻意识到：南昌正在行动，不能放他过去。于是命令部队朝天放枪。张发奎、李汉魂受到阻击跳车逃跑后，火车到达德安车站，聂荣臻立即命令周士第率部将车上装备着清一色手提机关枪的卫队营五六百号人缴械，阻止了张发奎、李汉魂向南昌进发。这为南昌起义部队消除了后患，减轻了阻力，直接为南昌起义铺平了道路。

起义胜利后，被任命为第十一军党代表的聂荣臻与军长叶挺一起率军南下。国民党政府对起义军南下广东极为惊恐，敌钱大钧率4个师、黄绍竑率2个师堵截。起义军在瑞金壬田、会昌等地与敌人展开激战。壬田是南进途中的一个小镇，四周群山环抱，是从北通往瑞金的必经之路。8月25日，朱德率领的前卫部队与气焰嚣张的钱大钧的两个团在距瑞金30里的壬田遭遇，打响了南征途中的第一仗“壬田战役”。战斗打得十分激烈。敌军装备精良，并凭借早到壬田之先机，占据有利地形，以密集的火力封锁了我军的进攻要道。而新组建的朱德部队缺乏战斗经验，完全凭着满腔的革命热情向敌人的阵地发起猛烈的进攻。第一排的同志倒下了，第二排的同志接着往前冲；第二排的同志倒下了，第三排的同志又冲了上去。战士们前仆后继，不怕牺牲，勇往直前。为尽快结束战斗，朱德一边提着两支马枪向敌人急射，一边指挥部分战士迂回到敌人背后，又一次发起进攻，打了敌人一个措手不及；加上增援部队及时赶到，起义军很快击溃敌军，占领壬田。之后，起义部队乘胜追击，占领瑞金，随即取得会昌战斗的胜利，为我军南进扫平了道路。9月中下旬，起义军经长汀、上杭进入广东潮汕地区。

聂荣臻与周恩来、贺龙、叶挺、刘伯承等一起率领起义军在潮汕地区与敌军多次交战，他们冒着枪林弹雨在阵地指挥。由于敌我兵力悬殊，起义部队在潮汕失利。此后，他与叶挺、杨石魂护送重病中的周恩来转赴香港。与中共广东省委接上关系后，周恩来被安置下来治病，脱离了被敌追捕的危险。不久，他被派往广东省军委工作，12月参与领导了广州起义。

（张勇执笔）

六、叶剑英对南昌起义的特殊贡献

1927年8月1日，南昌起义爆发，打响了中国共产党武装反抗国民党反动派的第一枪。这次由周恩来、贺龙、叶挺、朱德、刘伯承等组织领导的起义，是党在十分危急的情况下，毅然奋起的反击。它用血与火的语言，宣告了中国共产党人不畏强暴、继续坚持革命的坚强决心。按照党的指示，叶剑英当时未能直接参与南昌起义的组织指挥工作，而是委身于敌人的心脏，沉着镇定，以特殊的战斗方式对南昌起义作出了特殊的贡献。

叶剑英

（一）密送情报，叶贺部队开南昌

1927年7月，叶剑英在张发奎部任第四军参谋长(军长为黄琪翔)。由于他是一个刚入党的新党员，身份极为隐蔽。按照党的指示，叶剑英跟随张发奎的第四军进驻九江。

这时汪精卫与张发奎密谋，以他要在庐山召开军事会议为由，叫张发奎给贺龙、叶挺发报，通知他们上庐山与会，趁机削去他们的兵权。这起阴谋很快就被叶剑英掌握。叶剑英连夜找到了叶挺，将汪精卫、张发奎的密谋告诉了他。九江甘棠湖上，风和日丽。叶剑英和贺龙、叶挺、廖乾五、高语罕等扮作游客，乘着一艘不引人注目的小划子，摆出一副逍遥自在的赏景姿态，紧张地商讨着。

贺龙抢先发问：他们要我们上山搞什么名堂？

叶剑英说：汪精卫、张发奎调你们上山，是要调你们的部队去德安，趁机扣押你们,解除你们的兵权。

贺龙说:汪精卫靠不住,尽人都信了,张发奎靠不住,还有一些人不太相信呢。其实,在河南作战时,我就领教过他的为人。照我看,庐山不去,德安不去,我们只去南昌。

叶挺说:张发奎和我当年都是孙中山大元帅府的营长。北伐以来,共产党为主的部队替他打冲锋,他才当了军长、总司令,怎能想得到关键时刻他会这样干呢?

贺龙说:知人知面不知心嘛!我们不上他的当,坚决和他拼!

最后,他们决定了三件事:一、贺龙、叶挺不上庐山;二、贺、叶部队不接受张发奎的命令去德安集中,而是开往牛行车站,到南昌去;三、叶挺的部队第二天先行,贺龙的部队第三天行动,将火车皮让给叶挺的部队使用。

这次会议,使汪精卫、张发奎的阴谋化为泡影。叶挺、贺龙按计划一步步地向南昌开进。7月27日,贺龙第二十军全部集结南昌,接受党的指挥。28日,贺龙在第二十军军部热情地迎接了前来委任他为起义军总指挥的中共前敌委员会书记周恩来。

贺龙愉快地接受了党的命令,担当起南昌起义部队的总指挥。

(二)巧献计,张发奎放弃尾追起义军

汪精卫得知贺、叶部队已经去了南昌,一面电令他们限期率部回九江,一面在张发奎的第二方面军中加紧"清共",准备逮捕第四军政治部主任廖乾五等共产党人。叶剑英又及时地通知了廖乾五,让他们迅速离开第四军,赶到南昌去。

1927年8月1日,南昌起义爆发了,八一起义的枪声,划破了沉静的南昌夜空,振奋了人心。

汪精卫气急败坏地发布了缉拿贺龙、叶挺的通缉令,又命令张发奎、朱培德调集部队进攻南昌。张发奎也认为贺、叶率部出走,是"公然叛变,公谊私情,均无可谅解"。他奉汪精卫之命,召集第二方面军高级幕僚开会,筹划急速追击起义军。会议的气氛十分紧张。坚持反共立场的人情绪激昂，欲置起义军于死地而后快。在经过一番讨论后，张发奎正准备下达追击起义军的命令时，一直沉默不语的参谋长叶剑英"开腔"了。他说："向华公，依我之见，我们还是开往广东，不追叶、贺为好。"

叶剑英的意见犹如滚烫的油锅里滴进了水，炸开了。众人的目光都集中到了叶剑英脸上，想听他的下文。叶剑英不慌不忙地接着说："总指挥早就想南下广东，实现总理遗训，重新北伐，目前正是时机。我们原想去广东，李济深是反对的，现在我们放叶、贺的队伍到广东去，要是李济深招架不住，必然来请我们出兵相助，我军便可打起援师的旗号，直趋广州。这样相比跟着叶、贺屁股打，两败俱伤，要胜一筹。假若在此尾追叶、贺，徒耗兵力，别说不一定赶上他们，即使捉获，我们仍无立足之地，何谈北伐统一。"

叶剑英这一番话正合张发奎想占领广东的心理。于是，他动摇了追击起义军的决心。但为了应付汪精卫和其他力主追击起义军的人，张发奎表面上不得不下令部队追赶一程起义军，让黄琪翔代理总指挥，自己则去了香港。因此，张发奎追击起义军就成了虚张声势，使起义军摆脱了被追击之苦。

综上所述，叶剑英对南昌起义作出了特殊的不可替代的贡献。

（肖燕燕执笔）

七、南昌起义中的李硕勋

李硕勋

在南昌起义胜利后，根据中共中央的原定方案，起义部队迅速撤离南昌，向广东进军。在这过程中，有一支主力，一直担负着后卫任务，掩护起义部队撤离。这支部队就是李硕勋、周士第率领的第二十五师。

李硕勋（1903—1931），原名开灼，又名李陶。四川庆符（今高县）人。是我党著名的革命活动家和我军优秀的军事指挥员之一。他早年就从事革命活动，1921年在成都读书时加入中国社会主义青年团，1924年在上海大学加入中国共产党。1925年参加领导上海五卅运动，同年被选为全国学生联合会会长。1926年10月，国民革命军占领武汉。党派李硕勋到武汉，任中共武昌地委组织部长。同年冬，任共青团湖北省委书记。1926年12月任国民革命军第四军第二十五师政治部主任。1927年春，李硕勋率师主力之一继续北伐，在河南上蔡战役中大败奉军，后又回师武汉，参与平定夏斗寅叛乱。7月初，随部队自武汉附近乘轮船到达江西九江，全师官兵驻扎在南昌至九江的南浔铁路沿线上，师政治部设在离九江南边不远的黄老门车站以东路段上。1927年7月中旬，中共中央临时政治局常委会断然决定：将党所掌握和影响的部队在南昌集中，准备武装起义。

起义前夕的7月26日，周恩来抵达九江指示前敌军委书记聂荣臻：到九江、南昌之间的马回岭，将第四军第二十五师拉到南昌，参加起义。并当面约定，南昌一发难，立即放一列火车到马回岭，装走辎重，随后部队开往南昌。聂荣臻在第二十五师师部和该师第七十三团团部，与李硕勋、周士第密商，进行了紧张的工作。

7月31日傍晚前，李硕勋、周士第根据聂荣臻同志传达的前敌委员会的指示，立即做出行动方案。8月1日下午，李硕勋根据我党的指示，利用睡午觉的时间，以“打野外”为名，甩开师长李汉魂所掌握的少数武装，带领第二十五师七十三团全部、七十五团3个营和七十四团重机枪连，沿南浔铁路南下，参加南昌起义。当天下午6时前，当李硕勋率领起义部队到达德安车站以北时，国民革命军第二方面军总指挥张发奎、第二十五师师长李汉魂率卫队营坐火车前来阻挡，被担任后卫的第七十三团一营一阵扫射，张、李仓皇跳车逃跑。车上的卫队营五六百人在强大的政治攻势下，全部缴械，其中一部分下级军官和士兵参加了起义部队。起义军迅速登上火车，向南昌驶去。“由于党的坚强领导和群众革命情绪高涨，起义计划全部实现了”，“整个行动是成功的，差不多有组织的部队都拉了出来，二十五师的基本力量我们几乎都掌握了”。第二十五师成了南昌起义的主力之一。

8月2日拂晓，李硕勋等率领起义部队抵达南昌。根据前委决定，起义部队仍称第二十五师，隶属叶挺第十一军；除原第七十三团、七十五团外，由南昌七八百名青年组织起来的一支队伍拨给第二十五师，又调一部分党员干部做骨干，与原七十四团重机枪连合编为第七十四团；周士第任师长，李硕勋任党代表兼师委书记和政治部主任。

部队整编后，李硕勋旋即主持召开了中共第二十五师党委会议。他认真地和周士第、游步仁、符克振等研究和确定了有关加强部队政治教育、纪律教育、党的思想建设和组织建设以及加强练兵、保卫南昌等问题。接着，他在第七十四团、七十五团建立党总支部和党支部,加强各团党的工作和政治工作。

南昌起义胜利后,部队陆续撤出南昌,挥戈南下。周士第、李硕勋率领第二十五师担任后卫,撤出南昌后向广东进发。部队沿着东部的山区,经过抚州、宜黄、广昌、石城,于8月19日抵达瑞金。当时,国民党南路总指挥钱大钧率第二十师、第二十八师、新编第一师和补充团,合计10个团的兵力集结于会昌一带,黄绍竑部约7个团集结于白鹅附近,与会昌成犄角之势,企图堵击我军南进。在如此危急的形势下,前委决定在会昌击破敌人。

8月24日早晨,会昌战役打响。第二十五师由于一直担任后卫,加上道路不熟,当日下午才赶到瑞金。部队一到,李硕勋和周士第立即前往指挥部向第十一军军长叶挺、党代表聂荣臻接受战斗任务,并向前委书记周恩来表示:"我们向党保证,一定打下会昌!"随后向各团布置了战斗任务,强调党、团员要起模范作用;部队立即进入阵地,投入战斗。在第二十五师攻击的同时,第二十四师也向城西面发起了进攻。下午4时,我军占领了会昌。战斗中共俘敌官兵900余人,缴获各种枪1000余支和大批辎重。敌南路总指挥钱大钧仓皇溃逃。

战斗结束后,第二十五师驻扎在会昌城南门外。叶挺、聂荣臻以第十一军军部名义传令嘉奖英勇作战的第二十五师及该师领导人周士第、李硕勋、游步仁等。

起义部队在会昌稍事休息,又折回瑞金,9月1日经汀州、上杭向广东进发。第二十五师仍担任后卫,除掩护整个部队外,还负责掩护几百名伤病员和大批武器的运转。9月18日,第二十五师到达广东大埔县三河坝。这时,周恩来、贺龙、叶挺、刘伯承率起义军主力直奔潮汕。周士第、李硕勋领导的第二十五师和第九军共3000多人由朱德指挥,驻防三河坝,牵制和防御梅县及闽西来犯之敌,配合潮州、汕头的南昌起义军主力作战。在扼守三河坝前后,第二十五师经过几次激战,伤亡很大,且处于优势敌人的三面包围之中。为了保存实力，朱德、周士第、李硕勋经过研究，决定退出战斗，迅速转移，拟经饶平到潮汕与主力部队会合。后得知起义军主力在潮汕严重受挫，便决定沿闽粤边界北上，再从江西边界"穿山西进、直奔湘南"。因为他们得知毛泽东在那里成功地领导了秋收起义。起义军到了那里，与秋收起义部队相结合，可以再图发展。经过半个月的艰苦跋涉，10月下旬，李硕勋和部队官兵到达江西南部安远县天心圩。

由于部队自南昌开战以来两个多月，几乎每天不是打仗就是行军。转战在偏僻山区，已经与党失去了联系，就像找不到娘的孤儿，东撞西碰。部队驻扎下来的当晚，朱德便召集周士第、李硕勋研究对策。鉴于李硕勋曾在上海学习、工作多年，熟悉上海情况，部队党组织和朱德等决定，派李硕勋回上海，向党中央汇报情况和请求今后行动方针。李硕勋于10月底告别了这支队伍，奔赴上海寻找党中央。

天心圩分别以后，李硕勋的工作由陈毅同志接替。后来这支部队转战广东北部，再插入湖南南部，在那里发动了"湘南起义"。起义后队伍扩大到2000余人，连同湘南农军8000余人，由朱德等人率领上了井冈山，同毛泽东领导的秋收起义部队会合，成立了工农革命军第四军。朱德任军长，毛泽东任党代表，陈毅任军士兵委员会主任（12月为政治部主任），王尔琢任参谋长。

李硕勋经九江到达上海后，和瞿秋白取得联系，向党中央汇报了南昌起义军余部在赣粤边艰苦作战的情况。党中央留他在中共江苏省委工作，先后担任中共江苏省委和浙江省委的领导职务。1931年夏任中共广东省委军委书记，在去海南岛指导工作时，由于叛徒出卖而被捕。他铁骨铮铮，忠贞不屈，于9月16日被反动派杀害于海口。

1950年11月1日，朱德题词高度评价了李硕勋的一生，赞曰："李陶，四川庆符人。中国大革命时期的共产党员，曾参加1927年'八一'南昌起义，进兵东江，后奉党命调广东工作，赴琼崖策划游击战争，不幸为反革命当场捕杀。硕勋同志宁死不屈,从容就义,是人民的坚强战士,党的优秀党员,他对革命的功绩永垂不朽!”同年,周士第亦赋诗赞曰:义举南昌,战赣粤闽;分途找党,话别天心。白区工作,奋不顾身;牢狱不屈,遗书义深。公等鲜血,解放人民;忠心浩气,永耀不泯。遗志未竟,吾辈仔肩;革命必胜,公可安眠。

（陈红涛执笔）

八、南昌起义中的谭平山

在中国共产党建立时，党内曾有“南谭（平山）、北李（大钊）、中陈（独秀）”之说，此说将谭平山与李、陈并列虽有些过分（在北大时谭还是李、陈的学生），但足见其声望。谭平山在大革命时期，在协助国民党进行改组，推动国共两党合作，建立革命统一战线，促进北伐战争的胜利等方面，都作出了重要的贡献。

谭平山（1886—1956），原名谭鸣谦，别号聘三，广东高明（今高鹤）人。1886年生于一个裁缝兼小业主家庭。1905年考入广州两广优级师范学校，毕业后到雷州中学任教，于1909年秘密参加了反清同盟会，辛亥革命后又在广东省当选过参议员。1917年，为了追求新思想，谭平山考入北京大学哲学系，经常与文科学长陈独秀、图书馆主任李大钊和助理员毛泽东一起交流思想，成为在中国最早系统介绍《资本论》的人和共产党的早期创建者。1919年五四运动爆发当天，谭平山在游行队伍的前列大声呐喊，又跑去火烧赵家楼，挥拳痛打卖国贼章宗祥。随后，他被警察拘捕，成为轰动全国的“入狱三十二爱国学生”之一。1920年，谭平山从北大毕业回广东，在高等师范学校任哲学教授，并与已转居上海的陈独秀等联络，在粤建立社会主义青年团。翌年，广州共产党支部建立时，谭平山成为

谭平山

首任书记。党的一大召开时，他因事未能出席而让陈公博做代表赴沪。1922年“五一”节，他以劳动组合书记部南方分部书记的身份，发动广州10万工人群众举行大游行，他本人举着红旗走在队伍最前面。1923年，谭平山出席中共三大，当选为中央执行委员、中央局委员。在中共四大、五大上继续被选为中央执行委员（中央委员），在中共五届一中全会上当选为中央政治局委员，任农民部部长。大革命时期，谭平山是国共合作的积极支持者和执行者。1924年，国民党在广州召开一大进行改组，谭平山因有同盟会员资格、是广东名流并有共产党推荐等几重优势，当选为国民党中央执行委员，并被孙中山任命为中央组织部长。他利用这一条件，将共产党员和左派人士派到重要部门，如宣传部长汪精卫长期不在位，部秘书毛泽东便任代理部长，与谭平山一起掌握了国民党内的组织、宣传大权，以推进大革命。1927年3月，谭平山担任武汉国民政府委员兼农民部部长，并试图通过武汉国民政府来进行土地改革，成为共产党在政府中的两部长之一。由于他是中共中央政治局委员，成为“跨党”期间在国共两党都任要职的主要代表。

1927年春夏之际，蒋介石、汪精卫相继叛变革命，中国共产党毅然决定在南昌发动武装暴动。作为南昌起义的发起人之一，谭平山参加领导南昌起义并任革命委员会主席团的实际主席，是起义时的最高行政领导人。

1927年7月19日，谭平山与李立三、邓中夏等人从武汉抵达九江。20日，谭平山在九江主持召开座谈会。会议分析了当时的形势，并决定实行“南昌暴动”，“在政治上反对武汉、南京两政府，建立新的政府来号召”。之后，谭平山了解到贺龙不满于国民党和军阀争权夺利，感到政治上没有出路，因而积极与共产党靠拢；遂找到贺龙，大胆地提出了南昌起义的想法，贺龙立即表示坚决支持和参加。紧接着，谭平山与周恩来、邓中夏、恽代英、李立三等人投入到紧张的起义准备工作之中。然而，此时的谭平山因为在武汉时期执行了陈独秀的右倾错误主张，已经不参加新的政治局领导工作，新任的共产国际代表对他也不很信任，所以，南昌起义的前敌委员名单里并没有他的名字。但是，谭平山在共产党及国民党左派中的威望颇高，又是南昌起义最早的发起人之一，况且起义是以中国国民党革命委员会的公开名义举行的，因而，中共前敌委员会要领导起义工作必然少不了谭平山的参加。这样，谭平山就一直参加周恩来为首的中共前敌委员会的领导工作。

7月29日，张国焘从九江连发两封密电给在南昌的前委，说暴动应该慎重，试图阻止起义的举行。30日，张国焘又从九江赶到南昌，与前敌委员会的同志就起义一事召开了紧急会议，并发生了激烈的争论。谭平山和参加会议的同志一致反对张国焘的意见，坚持起义按计划进行。

8月1日凌晨2点，南昌起义爆发并取得胜利。上午9点，谭平山以国民党中央执行委员会委员的名义，主持召开了国民党中央委员和各省区、特别市、海外各党部代表联席会议。会议讨论并选举产生了新生的革命政权——中国国民党革命委员会，谭平山和宋庆龄、邓演达、张发奎、贺龙、郭沫若、恽代英一起，当选为主席团成员。

南昌起义胜利后，前敌委员会决定起义部队按计划撤离南昌，南征广东。起义军南下途中，谭平山主管征粮筹款，途经瑞金时同周逸群一起介绍贺龙加入了共产党。10月上旬，起义军在广东潮汕失败，一些主要领导疏散时人地两生并且语言不通，在危险关头，谭平山出来带路并利用老关系找船，大家平安离粤后纷纷感叹：“多亏了这个广东佬！”

邓演达

1927年末，谭平山脱险来到上海找党，却意外地得知中共中央已将他开除党籍。原来，张国焘先行回沪后，向共产国际代表告状，一些过“左”的领导人又把南昌起义失利的责任推诿于谭平山。对这一处分,事后周恩来认为“是不完全妥当的”。1930年,谭平山参与组织“中国国民党临时行动委员会”(中国农工民主党前身),进行反对蒋介石集团的斗争。抗日战争时期，反对蒋介石的卖国独裁政策。1943年发起组织三民主义同志联合会,1945年10月正式成立时，任主要负责人。抗日战争胜利后，他反对蒋介石的内战政策，积极参加民主运动。1948年1月在香港参与组织成立“中国国民党革命委员会”,任中央常务委员。同年9月进入解放区。1949年9月参加中国人民政治协商会议第一届全体会议,当选为主席团常务委员和第一届全国政协委员。中华人民共和国成立后,任中央人民政府委员、政务院政务委员、政务院人民监察委员会主任等职。1954年被选为第一届全国人民代表大会常务委员会委员,第二届全国政协委员。1956年3月当选为中国国民党革命委员会副主席。同年4月逝世。

（王小玲执笔）

九、南昌起义中的周逸群

在党的历史上,南昌起义具有彪炳史册的重大意义。作为南昌起义领导之一的周逸群,在南昌起义中发挥了重要作用。

周逸群

周逸群(1896—1931),字立风,原籍湖北蒲圻,生于贵州铜仁城关。早年曾任铜仁县教育会会计。1919年,周逸群东渡日本,进入东京庆应大学攻读经济学。五四运动期间,周逸群积极参加留日学生的反帝爱国运动。1922年被选为留日学生回国请愿团代表,回国抗议北洋军阀政府签订丧权辱国的《九国公约》。1924年初,周逸群回到上海与恽代英一起,以笔做武器,在上海《新建设》上发表《革命与统一》等文,歌颂党的统一战线和孙中山的民主革命思想。1924年5月在上海创办《贵州青年》旬刊,宣传革命思想,唤起青年向上,受到团中央的重视和萧楚女的推崇。是年10月,周逸群投笔从戎,入黄埔军校第二期辎重队学习。11月加入中国共产党。担任中共黄埔军校特别支部宣传委员,与蒋先云、陈赓、左权等在黄埔组织"中国青年军人联合会",并担任主席。毕业后留校任政治部宣传科长,成为周恩来的得力助手。

1926年7月,北伐战争开始后,周逸群任国民革命军总政治部宣传队长,并率北伐军左翼宣传队到国民革命军第九军中从事政治宣传工作,遂任该军第一师政治部主任，贺龙为师长，从此开始了与贺龙同志荣辱与共的革命情缘。

周逸群到贺龙部队后，首先在湖南澧县开办政治讲习所，培训连以上干部，重在提高他们的政治、军事素质；并在湖南招收新兵3000人。贺龙高兴地说："过去军阀招兵，一靠钱，二靠绳子。现在我们招兵讲革命道理，一个钱不花，农民都把年轻力壮的子弟送来了。"周逸群的到来，不仅"像一滴红水落到缸里，正在逐渐扩散，改变着部队的颜色"，给部队带来了新的气象，带来了共产主义的影响，发展了不少党团员；而且成为贺龙的良师益友，在许多关键时刻为贺龙出主意、拿决策，清除了军内的反动分子，粉碎了蒋介石、汪精卫、张发奎等人的阴谋，使贺龙及其部队坚定地跟着共产党走，成为南昌起义最重要的主力军之一。

自周逸群到达部队后，在倾力帮助贺龙改造军队的同时，与其展开了真诚的、毫无保留的思想交流。周逸群一方面对贺龙爱憎分明、思想进步、治军严明、向往革命的表现极为钦佩；另一方面向他说明孙中山先生创办黄埔军校，实行联俄、联共、扶助农工三大政策的出发点及其现实意义；同时介绍了马克思主义思想、俄国革命经验和共产党关于革命的主张以及坚持人民利益的根本观点。这些观点，既解答了贺龙在前期参加民主革命斗争中，只能在军阀之间相互倾轧的夹缝中求得生存的困惑，也符合贺龙的人生追求和个人品格，促使他的思想境界发生了新的飞跃，与周逸群产生了思想上的共鸣。正是这种共鸣逐步坚定了他跟着共产党的决心。贺龙的警卫连长回忆说："从那时起，贺老总就一心一意地跟共产党走，信任周逸群同志，对共产党的主张，他都衷心拥护，对周逸群提出的意见，他总是乐于采纳。"

1927年贺龙部改编为独立第十五师，不久扩编为第二十军，周逸群继任师和军的政治部主任。为了使贺龙同志一心一意跟随共产党，周逸群及时排除了许多干扰因素。当陈图南等人见拉回贺龙无望后，便策动士兵闹饷,企图谋杀贺龙和周逸群,带队伍投奔蒋介石。贺龙在周逸群的帮助下,利用我党掌握的武汉公安局及时处置了陈图南等人,拔除了国民党右派思想对贺龙的影响可能产生变故的因素。南昌起义前夕的形势急剧变化,周逸群时时注意各方面势力对贺龙的拉拢。为了避开蒋介石的说客,经周逸群安排,贺龙全家搬迁到俄租界内的苏联公使馆,方便了共产党要人对贺龙的接触和了解,促成了周恩来与贺龙的会晤。在策划南昌起义的关键时刻,周逸群及时向党中央负责人介绍了贺龙的真实思想和革命的坚定性,与党内对贺龙的怀疑、误解和错误认识的言论发生争执,为贺龙成为南昌起义军总指挥奠定了思想基础。新中国成立后,贺龙回忆说:“周逸群对我的影响,是对我思想上的第三次推动,也使我真正地接近了共产党。”

正是因为周逸群的不懈努力,使贺龙成为坚定的共产主义者,将这支部队改造成为共产党直接掌握的武装力量,以致成为南昌起义的主力军。

在南昌起义中,周逸群参加了周恩来主持召开的前委扩大会议,坚决抵制张国焘的错误,支持前委举行南昌暴动的决定,同时与刘伯承等全力协助贺龙进行军事布置。就连国民党左翼分子也说:“没有周逸群,就没有贺龙;没有贺龙,就没有南昌起义。”8月1日凌晨,起义战斗打响,第二十军担任主攻任务,迅速占领敌第五方面军总指挥部。周逸群亲临火线指挥战斗,他率领第二十军教导团和第六团,歼灭了敌第七十九团、第八十团的有生力量。南昌起义胜利后,周逸群又及时安排人员,渡江接应未及时赶到南昌参加起义的部队,接待和安置一批批零散赶到的共产党员和进步工农兵士,保持起义后的各项工作的稳定。起义部队南下途中,周逸群就任第二十军第三师师长,担负保卫革命委员会领导成员安全的重任。他十分注重党务活动,一方面发展了一批新党员,为革命补充新鲜血液;另一方面建立健全各级党组织,把从各地到南昌后编入队伍的共产党员及时组织起来,加强党性教育,召开党员大会,通过党员发挥组织作用,稳定了军心,鼓舞了士气。8月30日,起义军进攻会昌。周逸群率第三师和第二师第五团为佯攻部队,配合叶挺主力部队作战。此役击溃敌有生力量8000余人,缴械1000余,俘虏900余人,缴获辎重甚多。战斗结束后,起义军返回瑞金休整,周逸群及时向前委反映贺龙同志入党的请求，再次阐明贺龙对共产党的信仰,打消一些人的疑虑。根据贺龙从南昌起义到会昌战役的表现,他同周恩来一起提出同意贺龙参加中国共产党。中共前委通过了这一提议,由周逸群、谭平山做介绍人。

起义军进入潮汕后,周逸群奉命留守潮州,担任卫戍司令,并组织指挥了潮州保卫战。1928年1月,周逸群受党中央派遣,与贺龙等一起前往湘鄂边组织红军,开展武装斗争,并担任中共湘西北特委书记,领导了荆江两岸的年关暴动,重新点燃了江汉平原的革命烈火。同年5月,周逸群转赴湖北沙市,重组遭敌破坏的中共鄂西特委,担任特委书记,领导广大群众在洪湖、白露湖一带开展游击战争,建立苏维埃政权,实行土地革命,创建并领导了驰名中外的洪湖赤卫队。周逸群还先后担任中共湖北省委委员、军委书记、中国工农红军第六军政委、鄂西联县政府主席。1930年7月,红二军团建立后,周逸群任军团政委和党的前委书记,从此,洪湖苏区与湘鄂边苏区连成一片,形成了湘鄂西革命根据地。9月,周逸群改任中共湘鄂西特委代理书记兼湘鄂西联县苏维埃政府主席。1931年5月,周逸群在视察华容县的工作时,途经岳阳县贾家凉亭,遭敌伏击,不幸壮烈牺牲。

周逸群在党的建设、政治宣传、军事斗争等方面,为南昌起义的胜利打响作出了重要贡献。他以共产党员的高尚情操和坚定信念,感化、影响和造就了身边的人,为南昌起义争取了强大的有生力量,创造了南昌起义的客观有利条件。当年长沙《民国日报》“无周就无贺,无贺就无南昌暴动”的报道,正是一个有力的证明。在南昌起义期间,周逸群多次参加各种重要会议,参与起义的决策、实施和实际战斗。在关键问题上敢于直抒自己的观点,据理力争,不迷信权威。在形势危急时勇挑重担,重整部队,振奋士气,多次带队参战。起义失败后,周逸群客观公正地向中央报告了南昌起义的情况，并对失败的原因陈述了自己的观点，对今后加强党的建设和实行土地革命也提出见解。他是南昌起义中最积极、最坚定、最具斗争经验的领导人之一。

（陈红涛执笔）

十、南昌起义中的陶铸

陶铸

1927年7月间，中共中央决定在南昌举行武装起义，周恩来任党的前敌委员会书记。7月25日，周恩来在陈赓的陪同下，化装秘密离开武汉，乘船先至九江，后又赶赴南昌。与此同时，中共中央秘密调集由叶挺指挥的国民革命军第十一军第二十四师、贺龙领导的国民革命军第二十军，借“东征讨蒋”之名向九江集结。此时，年仅19岁的陶铸作为第二十四师第七十一团二营特务连连长，满怀着一腔对蒋介石、汪精卫血腥屠杀和陈独秀一味退让的悲愤之情，随部队乘“江平号”轮船离开沉浸在茫茫夜色中的汉口奔赴九江。

部队秘密集结的行动，引起了汪精卫、朱培德、张发奎极度的惶恐与不安，为防止部队向南昌方向运动，他们在庐山密谋借通知贺龙、叶挺去庐山开会之机，令二人所部向德安集结，妄图解除贺、叶的兵权。在叶剑英的秘密帮助下，叶挺、贺龙等及时识破了敌人阴谋，当即决定：不去庐山开会，立即率部开赴南昌。叶挺连夜召开干部会议，传达了这个决定。

陶铸听后异常兴奋，早就盼望的这一天终于来到了。回到连里后，陶铸走到战士之中，检查枪支弹药，召集连里的党员开会，传达了起义的决定，详细布置了部队的行军路线和具体要求。

南昌夏天的闷热总是让人感到窒息，而这又正是暴风雨的前兆。进入南昌后的第三天，陶铸所在第七十一团接到负责歼灭驻守城内天主堂等处敌第六军第五十七团的命令，担任主攻任务的是第二营。7月31日傍晚，南昌城内主要街道都布放了起义军的岗哨，第二营营长廖快虎把攻占敌团部驻地匡庐中学的主攻任务交给了陶铸的特务连，指导员萧克带领一个排配合行动。陶铸接受任务后，首先带领一支精干的侦察队，到匡庐中学周围地区化装侦察，然后部署具体的攻击方案。由于叛徒告密，起义时间由原定8月1日凌晨4时提前到凌晨2时。午夜已过，陶铸和萧克商量后，迅速命令全连紧急集合，准备战斗。

凌晨2时，南昌城头发出了三声枪响，陶铸和萧克颈上系着鲜红的领带，左臂扎着白毛巾，右手高举驳壳枪，一马当先，率领特务连和一个排的战士，在机枪掩护下向驻守匡庐中学的敌人发起进攻。敌军如梦初醒，仓皇应战。陶铸和萧克分别指挥起义军分左右两翼包抄敌团部。敌军慌忙从匡庐中学后院逃窜，却遭到早已布置在那里的工人纠察队和受朱德指挥的南昌公安局起义警察的猛烈阻击。敌人见逃跑不成，又龟缩到原地。陶铸和起义战士以泰山压顶之势，将敌军压缩在一条小巷内。经过激烈的巷战，敌军彻底瓦解，缴械投降，起义军一举攻占了匡庐中学。

红日东升，经过4个多小时的激战，起义军全歼城内守敌，南昌城头飘扬起鲜红的旗帜！

起义胜利后，陶铸率部跟随起义军主力按预定计划撤离南昌，在“前有阻敌，后有追兵”的危急情况下，一路厮杀南征。征途中，陶铸几乎没有时间好好睡上一夜觉。大至指挥作战，小至每个班排宿营吃饭睡觉，他都要亲自去料理安排。从南昌出发时，他患上了慢性痢疾，缺医少药，又得不到治疗，一路行军打仗，他还要替连里的病号背枪支和行李。然而，他凭着那股子猛劲，没被这重重困难压垮。一路上，他还以高涨的革命乐观主义精神，不断向全连战士做宣传鼓动工作。起义军到达会昌时，遭遇敌钱大钧部4个师的阻击。陶铸率领特务连作为前锋连承担了主攻会昌城西的任务。他们在总攻的冲锋号声中，对城西发起了猛攻。城西的敌人拥挤在贡水沿岸企图渡河逃窜，陶铸率领全连官兵与兄弟部队一道，将敌人杀得大败。这一仗，敌人死伤无数，仅俘虏就有900多人，缴枪1000余支。攻占会昌城后，陶铸率部又作为全营前锋，顾不上连日作战疲劳，以每小时15里的速度，对钱大钧余部进行追击，使敌人疲于奔命得不到一丝喘息，直追到处于赣粤边界的筠门岭，才奉命返回会昌。

9月26日，起义军到达揭阳城。27日一早，根据总指挥部决定，陶铸随同驻揭阳城的叶挺第二十四师和贺龙第二十军第一师一部，向丰顺县汤坑之敌进击。28日晚，陶铸所在团和第七十二团官兵作为先锋对汤坑四周守敌发动夜袭。他激昂地向连队官兵说："我们是从南昌点燃起义的革命火把，全中国的黑暗就等着我们去照亮。同志们，我们是用刺刀拼上去，把堵截我们的敌人捅死在刀下，还是让我们这支革命的火把被敌人扑灭？"大伙齐声响亮地回答："坚决用刺刀把敌人捅下去，革命的火把绝不能熄灭！"陶铸说："我们今天就用自己的鲜血为革命杀出一条血路！"由于敌我力量悬殊，血战一夜，我军牺牲2000余人，弹药将尽，部队只好向潮汕方向撤退。此时已任第七十一团参谋的陶铸身临前线，冒着枪林弹雨，率领前锋连队迅速占领制高点。国民党桂系部队的一个营向高地发动了三次猛扑，陶铸和战友们坚守阵地，寸步不让，掩护前委机关从四面受敌的峡谷地区向外突围。

起义军主力失利后，陶铸撤退途中又陆续收容了200多名起义军战士，并在当地农会的协助下，从甲子港乘船渡海去香港。但陶铸一上岸便被英国巡捕关押，继而被引渡到广州，关押在广州市公安局看守所。由于这时的陶铸还很年轻，在部队的职位不高，一般人也不认识他，侥幸躲过了叛徒的辨认。同时，机智过人的他镇静自若地自称是连里的司务长，只管每天买米买菜，所以也没有引起敌人的注意。不久，他由于没有暴露身份，在我党地下组织的帮助下获释出狱，投入到新的革命斗争洪流中去了。

（张勇执笔）

十一、南昌起义中的廖运泽

廖运泽

1924年5月，一位容光焕发、意气高昂的年轻人，来到了四面环水、风景秀丽的黄埔“陆军军官学校”，入第一期学习，从此开始了崭新的军校生活。他，便是廖运泽。1924年11月，廖运泽从黄埔军校毕业，被分配到第二期学生总队当教育副官。

1925年国民党军进行东征、南征，肃清广东境内的军阀势力，统一广东革命根据地。1926年1月，廖运泽到黄埔军校潮州分校任学员第三队队长。这年2月，中国共产党提出出兵北伐推翻军阀统治的主张。此时的革命形势迅猛发展。廖运泽逐步认识到，以中国共产党为主的左派才是真正的革命者。只有共产党才真心实意要打倒军阀，建立代表广大人民利益的革命政权，而非为了一己之私利。为此，廖运泽积极要求加入共产党组织。他找到黄埔一期同学——安徽同乡孙一中和曹渊，谈了自己的要求和认识。孙、曹都是共产党员，在教导团当营长。经他二人介绍，廖运泽于1926年6月秘密参加了中国共产党。

1926年10月，北伐军攻占武昌，胜利进抵武昌以北长江沿线。年底，国民政府由广州迁往武汉，蒋介石的总司令部则设在南昌，实际形成了相对峙的左、右派两个政权。何去何从，均在廖运泽一念之间。当他得知周恩来、邓演达、宋庆龄等人都在武汉时，于1927年1月毅然离开潮州，经过半个多月的长途跋涉，来到武昌，谒见了邓演达。邓演达当时任国民革命军总政治部主任、武汉行营主任、湖北省政务委员会主席。因中央军事政治学校武汉分校刚刚成立，急需充实干部，邓演达派廖运泽到分校政治大队第四队当队长。

武汉分校继承和发扬了黄埔军校的革命传统，政治空气十分活跃，校内共产党势力和进步力量占优势，经常有国民党左派和共产党知名人士到校演讲。蒋介石发动"四一二"反革命政变以后，国民革命军总政治部副主任郭沫若到校演讲，严厉声讨蒋介石叛变革命，言词慷慨激昂，痛快淋漓，充分表达了革命党人对蒋介石倒行逆施的切齿痛恨。这些活动也更加坚定了廖运泽革命到底的信心。

同年5月，因部队急需充实左派力量，廖运泽被调到叶挺第二十四师第七十二团当副团长。叶挺所部在北伐战争中由于英勇善战而被誉为"铁军"。

1927年7月中旬，时值第一次国共合作破裂，革命转入低潮，白色恐怖的阴云笼罩着南昌，"请君饮茶，休谈国事"的标语充斥于茶楼酒肆之内。下旬，担任第七十二团代理团长的廖运泽，率部驻扎在南昌女子职业学校里。7月31日，廖运泽所率的第七十二团接到命令，以突然袭击的方式将驻扎在南昌城内的朱培德第三军第二十三团和二十四团包围、缴械，如遇抵抗就用强攻将其消灭。得到命令的起义军官兵个个摩拳擦掌，早早地便开始擦拭枪支，傍黑时系上红领带，在手电筒和马灯的玻璃罩上贴上红"十"字，做好起义准备。

8月1日凌晨2时左右，起义的号角吹响了。霎时间，全城枪声大作，冲杀之声不绝于耳。按照预定部署，廖运泽率领全团以"演习夜行军"的名义接近敌人驻地，突然夺取了哨兵的武器，迅即以4个连的兵力冲进第二十三团营房，以1个营的兵力冲进第二十四团营房。当时正值炎夏，敌方官兵都在院子里铺席睡觉，身边没带武器，仓促应战，一片混乱，一阵高似一阵的冲杀声中，敌军吓破了胆，稀里糊涂就当了俘虏，很快被全部缴械。8月1日上午6时左右，城内枪声全部停止，震惊中外的南昌起义宣告成功。顿时，全城欢声雷动，锣鼓喧天。各界群众奔走相告，涌上街头，参加声势浩大的庆祝活动，大街小巷贴满了庆祝起义胜利的标语。

南昌起义的枪声，震惊了反动派。以汪精卫为首的武汉国民政府下令缉拿组织南昌起义的中共领导人，以蒋介石为首的南京国民党政府也调集大军准备进犯南昌。一时间，黑云压城。起义部队按原定计划自8月3日至5日，主动撤离南昌，回师广东，重建南方革命根据地。

8月26日，当起义军的前卫部队到达会昌附近时，发现钱大钧一部已布防在会昌以北，企图据险阻击起义军南下。与此同时，还发现敌军两个师在起义军后面尾追，企图构成两面夹击态势。面对敌人的嚣张气焰，总指挥部决心先攻占当面敌人的主阵地，然后转入防御迎击尾追之敌，急令叶挺指挥第二十五师及第二十四师两个团从左翼向会昌进攻。

8月30日，战斗全面打响，叶挺亲临前沿指挥，决心背水一战，当日拿下会昌。他指挥炮兵用缴获的4门山炮，向敌人阵地猛烈轰击，掩护进攻部队由正面一举攻占了敌人的主要阵地。黄昏后，廖运泽率团和兄弟团配合，经过激烈战斗，攻占了各大山头，接着用云梯强行攻入会昌城；未及休息，又全部到城北大山头布防，准备迎击敌军主力部队。次日上午11时，尾随而来的敌军向起义军发起攻击，强行攻下了城北大山头。在叶挺亲自指挥下，廖运泽带领第七十二、七十五团向敌人阵地发起反冲锋，双方展开了激烈的白刃争夺战。战斗一直打到晚上8时以后，敌军伤亡惨重，被迫撤退。

起义部队在会昌休整了两天，9月4日，所有南下部队在瑞金会师，稍事休整，继续由汀州、上杭挺进到三河坝地区。之后，在海陆丰以北汤坑附近地区与广东陈济棠的部队和由广西调来的敌第十五军遭遇，双方发生激战。由于起义军在三河坝和潮汕两次分兵，此时兵力已不足6000人，又因长途行军作战，减员高达三分之一，而敌军却不断增援，在兵力和装备上都处于绝对优势。因此，起义军在汤坑陷入敌人的重重包围之中。战斗到最后，弹尽粮绝，通讯中断，有的营几乎全部拼光了。在战局急剧恶化的情况下，部队在突围时被打散，廖运泽便与党组织失去了联系。1949年，廖运泽在港期间受中共华南分局地下党组织领导，与侯镜如一起策动国民党第三一八师起义。1953年，廖运泽回到南京工作，参加民革，积极投入到社会主义祖国的建设和发展事业当中。

（张勇执笔）

十二、我党任命的第一个公安局长彭干臣

彭干臣

多少年来,人们一直以为朱德同志是南昌起义时的公安局长兼卫戍司令,这是张冠李戴。实际上,南昌起义时,中共任命的南昌公安局长是共产党员彭干臣,他是中国共产党任命的第一个公安局长。

1899年5月,彭干臣出生于湖北省英山县(1932年由安徽省划归湖北省)。1921年10月加入中国社会主义青年团,1923年12月转入中国共产党,1924年5月入黄埔军校第一期学习,1925年10月赴莫斯科东方大学学习。1926年秋回国参加北伐战争,任武昌卫戍司令部参谋长。1927年南昌起义时,任南昌市公安局局长,后转赴上海。1930年6月,任中共满洲省委军委书记;10月,任中共顺直省委军委书记。1931年5月回到上海,协助周恩来领导中央军委工作。1932年2月,前往赣东北革命根据地,先后任红十军参谋处长、彭杨军政学校校长,后随抗日先遣队北上。1935年1月,在怀玉山战斗中牺牲。

南昌起义前夕,彭干臣受命赴南昌协助周恩来开展起义工作。1927年7月31日午夜刚过,起义部队按照指定的部署向敌人发起了进攻,8月1日早上起义成功。就在这一天,彭干臣被任命为南昌市公安局长(之前由朱德担任)。彭干臣到任后,立即召开了一次公安局中层干部会,对公安局的警官、警员和消防队队员进行整编,从顺直会馆向卫戍司令部搬来1300多支枪,重新配备了公安局的武装。整编后的公安局警局,在南昌市工人纠察队的

配合下，登上城墙，拦截企图越过城墙逃窜的敌军。同时他还以公安局长身份，签署发布了安民告示，大意是自己的队伍来了，大家不要怕，各家商店照常做生意，学校照常上课，大家安居乐业，尽快恢复南昌社会秩序等；并令军警加强城防，打击犯罪。

8月2日，国民党革命委员会派公安局长彭干臣兼任南昌卫戍司令，并把卫戍司令部的牌子挂在南昌市公安局门前。上午10时，在皇殿侧大众广场召开了数万人的庆祝大会。南昌市公安局派出警员担负维护会场秩序，维护群众安全的任务。由于会场和会场附近聚集的人很多，人群拥挤，致使会场西边的一堵残墙被挤倒，顿时秩序混乱，许多人慌忙跑出会场。维持秩序的警员及时赶到现场，向群众解释，会场秩序便渐渐恢复。会议一直开到下午2时才结束。

8月3日，彭干臣组织公安警官、警员和卫戍部队战士，保卫起义军按原

南昌公安局旧址

计划撤离南昌。

8月4日下午，天下着小雨。彭干臣召集保安第一、第二队和消防队中的青年警员混合编成几个连，发给了枪支和子弹，集中在省政府院内；5日一早随贺龙的警卫团出发南征。

公安局长兼卫戍司令彭干臣，一直坚守到起义部队顺利撤离南昌，并对善后工作作了部署。他指示唐天际留下，了解敌人情况，并设法与从武汉开来的参加起义的1000多人的武装取得联系。他交给唐天际一封与省委联系的信后，于8月5日撤离南昌。

彭干臣随起义部队撤出南昌城后，历尽艰难，于9月下旬到达潮州、汕头一带。前敌委员会曾决定，将海陆丰贫民赤卫队和部分起义军合编为第十五军，刘伯承当军长，彭干臣任第一师师长；但因10月初主力失败，第十五军未能正式组建。彭干臣几经周折，于当年12月潜返上海，藏身在律师公会会长李次山位于公共租界卡德路的家中。

对于彭干臣在南征途中的情形，也很少有资料涉及。仅见郭化若的一份回忆材料：

“彭干臣同志是黄埔军校一期学生，这是陈赓对我说的。我们在叶贺军南征到汕头时见过一次，是在参谋部办公室门口，人们告诉我说，海陆丰农民赤卫队即将改编成十五军，刘伯承当军长，彭干臣任第一师师长，要我任第一营营长，并介绍我见一见彭师长。我是在走廊上见到他。多年过去，只记得他们讲比我年龄稍大一些，瘦长身材，可能比我还高些，慈善可亲，同我谈了些什么也记不清了，我留下的回忆是我的直接上级的姓名、口头交给我的任务和彭干臣给我良好的印象，其他的没有了。”

（齐刚执笔）

十三、范石生对南昌起义军的支持援助

1927年10月4日，从三河坝突出重围的南昌起义军余部（以第二十五师为主）来到饶平，遇到了从潮州、汕头突围出来的起义军部队（主要是第二十军第三师和革命委员会警卫部队），得知潮州、汕头已经失守，随后又得到了主力部队已在汾水一带失利的消息。此时聚集在饶平的起义军约有2500人，而周边是强敌环伺，形势十分紧迫，需要立即决定下一步行动方向。部队的领导人在饶平县茂芝乡的一所学校内召开了紧急会议，会上朱德正确分析了形势，提出对策：脱离险境，保存力量就是胜利。与会的干部接受了朱德的意见，略事整理后，部队从饶平出发，离开潮汕平原，由地方党派人带路，经大埔、蕉岭，转入粤闽边界的山区，到达武平，摆脱了追击的敌军，进入赣南山区。

大余县城朱德旧居

陈毅

王尔琢

随后朱德率领部队开展了一系列整顿、整编、整训工作，重新登记了党团员，把他们分到各个连队起骨干作用，加强思想工作，提高部队士气。根据人员减少到700来人的实际情况，将部队缩编为一个纵队，由朱德任司令，陈毅任党代表，王尔琢任参谋长，形成一个坚强的领导核心。部队继续向粤赣湘边界行进。此时，物资奇缺的困难依然像大山一样摆在他们面前。已是11月份，山区早晨已有霜冻，可是指战员身上还穿着夏天的单军装，经过几个月的征战，这身单军装已是破烂不堪。没有鞋袜，没有毯子，更没有被子，食物也供应不足，弹药得不到补充，平均一支步枪只有五发子弹。仅有的两挺马克辛重机枪，其中一挺还没有了支架。缺医少药，伤病员得不到及时的治疗。

就在这时，朱德得知驻守郴州的国民党第十六军军长是范石生，不禁大喜。朱德与范石生原是云南讲武堂的同学，在校时两人感情甚好，还曾结为金兰之交。朱德了解范是一个有正义感的人，对蒋介石有许多不满，从范处得到支援很有可能。他在同陈毅、王尔琢等人商量后，根据报纸上的地

址，写了一封信给范石生，内容主要是叙叙旧，并说想见见面。与此同时，范石生在八一起义后就很关注自己老同学朱德的命运。起义军潮汕失利后，范石生派了手下的韦伯萃携信去湘赣粤一带寻找朱德。韦伯萃是中共地下党员，自然积极寻找。不久在上堡找到了朱德。朱德同陈毅、王尔琢商量后，决定抓住这个机会，便写了一信由韦伯萃带给范石生。

范石生接到了朱德的信后，立即派了一个参谋给朱德送去一封回信，信中说："春城一别，匆匆数载，兄怀救国救民大志，远渡重洋，求兴邦立国之道。而南昌一举，世人瞩目。弟诚感佩良深。今虽暂处逆境之中，然中原逐鹿，各方崛起。鹿死谁手，仍未可知。来信所提诸论点，愚意可行，弟当勉力相助。兄若再起东山，则来日前程不可量矣！弟今寄人篱下终非久计，正欲与兄共商良策，以谋自立自强。希即枉驾汝城到(曾)曰唯处一晤，专此恭候。"

朱德收到范石生的回函，心中很高兴，随即带了50多人前往湖南汝城准备与范石生会面。没想到范石生还准备了军乐队在城门外迎接。朱德一行来到汝城门外,范石生上前紧紧握手,二人热泪盈眶。此时军乐齐奏,吹吹打打将他们迎进城内,来到范部曾曰唯第四十七师师部。

范石生与朱德促膝交谈,直至深夜。商谈中,范石生十分尊重朱德的意见,朱德也十分理解范石生的处境为难之处。朱德在说明了自己的部队的困难之后,希望能够得到老朋友的支持,但要求保持建制,不要求增加兵员。为了避免连累同学,随时准备撤离此地。总的原则是组织上独立,政治上自主,行动上自由。范石生同意朱德讲的原则。为了解决部队的实际困难,范石生主动提出给朱德所部一个第十六军第四十七师一四〇团的番号,这样可以名正言顺地提供补给。朱德任副师长兼团长。为缩小目标,朱德化名王楷(这个化名是从朱德的字"玉階"加以转化而来)。范石生考虑到朱德的资历和过去的军衔,唯恐委屈了老同学,又聘朱德为第十六军总参议。其实朱德对自己头上的名义并不在意,关键是想解决部队的补给。对此范石生不等朱德提出要求,主动提出部队先发一个月的薪饷。补充弹药军械,每支步枪配200发子弹,机枪配1000发,各大队再配几箱子弹储备。损坏的枪支由军部军械所修理。每人发一套冬装和毯子、背包带、绑腿等。洋镐、十字锹、行军锅等也全部配齐。再给军官和士兵发零用钱,军官每人20元,士兵每人5元。第二天,范石生还在一个学校里召集军官会议,安排朱德与大家见面。朱德在会上讲话,号召大家团结起来,共同努力,打倒新老军阀。第三天,随同朱德前来的50多人率先换上新军装,挑着一批子弹、现洋回到了驻地。

起义部队这次从头到脚全部补充,解决了长久以来无法解决的后勤补给困难,范石生这次对南昌起义军的支持帮助,真是名副其实的雪中送炭。

起义军有了前段时期整顿的思想、组织基础,此时又获得大批的补给,整个部队的面貌焕然一新。朱德率部转移到湖南资兴,接着又南下进抵粤北仁化县境,与中共广东北江特委取得联系。根据中共组织的指示,他又率部继续南下支援广州起义,在韶兴城郊与广州起义失败后撤出的200余人相遇。部队随即开往韶关犁铺头停住下来进行休整。除了积极开展政治学习和军事训练，还支持当地的农民运动。逮捕了一批破坏农运的土豪劣绅，将其中几个罪大恶极者镇压了。

不久，朱德率部隐蔽在国民革命军第十六军内部的事被国民党高层发觉了。被发觉的原委有两种说法，一说是几个未被镇压的土豪跑到广州向李济深举报，说这支部队是共产党。李济深得知此事后，发出电报要范石生彻查此事。还有一种说法是范石生的参谋处长兼军官团团长丁腾(一说丁煦)向蒋介石密报的。

1928年初，蒋介石派第十三军军长方鼎英率部在仁化一带监视范军和朱德所部，并向范发去密电，电文大意为：现已发现在你部隐蔽的王楷系“共匪”首领朱德，饬范石生立即解决该部武装，将朱德逮捕后解京正法云

湘南起义(油画)

云。范石生接到蒋介石的密电，知道情况危急，立即写了一封信派亲信送往犁铺头朱德驻地，告知朱德赶紧离开。范在信中说："……一、孰能一之，不嗜杀人者能一之；二、为了避免部队遭受损失，你们还是要走大路，不要走小路；三、最后胜利是你们的，现在我是爱莫能助。"同时派人送了几万元大洋给朱德做路费。

朱德率部离开犁铺头那天，范石生在司令部得到了报告，在身旁的丁腾主张派兵追击，范石生沉默不语。也有人主张："中央知道朱德在我军中，不追一下，不打一下，恐怕不好交代。"范石生依然不做答复。旁边的人一看范的态度，也只好散去。此后不久，范石生即称病前往广州养病去了。

朱德率部脱离第十六军后，利用一四〇团的旗帜番号，在地方党组织的协助下，智取宜章县城，揭开了湘南暴动的序幕。不久又率部上井冈山与毛泽东领导的部队会合，重新开始了新的战斗历程。

范石生给八一起义军的帮助和支援，在朱德心中留下了深刻的印象，1962年朱德和老部下谈话时还说到此事，把这件事作为统战工作的成功范例。可见一个人只要为人民做过好事，人民就不会忘记他。

（陈洪模执笔）

十四、南昌起义中的蔡廷锴

1927年8月1日南昌起义胜利后，从8月3日起，起义部队按中共中央原定方针，开始南下广东。两天后，蔡廷锴在行至进贤时，率部离开革命队伍。

蔡廷锴

蔡廷锴，广东罗定人，出身贫苦家庭。1920年进入广州陆军讲武堂学习一年，毕业后进入粤军。1922年由团长陈铭枢介绍加入国民党。蔡因练兵有方，作战勇敢机智，渐渐升迁。1925年粤军改编为国民革命军第四军，蔡已在第十师第二十八团任营长。1926年北伐前夕，蔡升任第二十八团团长。北伐军收复武汉后，蔡又升任第十一军第十师师长，下辖第二十八、第二十九、第三十团。

1927年4月，武汉国民政府决定暂时放弃东征，继续北伐。蔡廷锴率部参加战斗，会同第二十军等部队在河南击败奉军后，回到武汉。6月，武汉国民政府下达动员令，决定东征讨蒋。汪精卫、唐生智并非真心讨伐蒋介石，而是以此为口号向长江中下游扩展势力，抢占地盘。中国共产党许多同志对此也有清醒认识。中央打算集中武装力量，依靠张发奎回粤，便顺水推舟，将所掌握和影响的部队向九江、南昌一线集结。蔡廷锴的第十师、贺龙的第二十军、叶挺的第二十四师便离开武汉向江西靠拢了。

“东征讨蒋”的命令下达后，叶挺第二十四师为前锋，先占领九江、湖口；蔡廷锴第十师归叶挺指挥。到九江后，叶挺把率部回粤的意图提出，同蔡廷锴商量，蔡深表同意。其实叶挺此时的建议还未提到武装起义之举，而是中共中央的原定计划，即打算争取张发奎，和平地将军队带回广东。蔡廷锴对东征与蒋介石的部队打仗并不积极，自己是广东人，率粤军子弟回粤的主意正中下怀，自然“深为同意”。但蔡内心却认为自己同叶挺分属国共两党，信仰并不一样，打的算盘是走一步看一步，待机进退。几天后，因形势变化，张发奎日见右倾，中共中央果断决定放弃利用张发奎回粤的意图，改为在南昌武装起义，然后将部队开赴广东。这样，与蔡廷锴原意更不相容，故蔡在南下不久便率第十师离去。

7月下旬，叶挺将自己统辖的第二十四师和蔡廷锴的第十师集中到南昌，贺龙第二十军随后也抵南昌。起义的各项准备工作紧张地进行着。此时蔡廷锴本人尚在九江。29 日，蔡上庐山参加汪精卫、张发奎召集的高级军事会议。会上通过了在第二方面军实行“清共”，通缉恽代英、廖乾五、高语罕等人及其他反共决定。反革命阵营的压迫更促进了武装起义的爆发。8月1日凌晨，在以周恩来为书记的中共前敌委员会的领导下，南昌城内响起了武装反抗国民党反动派的枪声。拂晓，战斗胜利结束，驻扎在南昌城内的敌军全部被歼。

直到起义战斗结束，蔡廷锴仍在九江，但他的部队却已驻南昌。中共前敌委员会在起义前只是向第十师中的部分党员传达了起义的决定，没有向第十师发布起义命令，更没有给他们下达作战任务。当然，第十师当时作为暂归叶挺指挥的军队，也算是友军，绝对不是起义军要攻击的目标。但是，在起义战斗中已经出现了不好的苗头。蔡部第十师第二十八团故意与起义军第二十军的教导团和第二团为难，杀害教导团队长和学生各一名，并将军部马匹全部抢走。此事引起第二十军官兵极大愤慨。

蔡廷锴在九江得知南昌起义的消息，十分着急，立即于8月1日上午乘火车赶赴南昌。到昌后，得知部下所作所为，又写了一封措词极其恭顺的信派人送给叶挺、贺龙。贺龙本来对蔡廷锴的部下伤人、夺马之事很恼火，见他一来南昌态度便如此客气，就请他来子固路的军部洽谈，叶挺也在座。洽谈结果，蔡表示愿意合作，一道参加起义，并当场写信给第二十八团团长，令其将马匹送回。第二十八团团长收信后不得不将马匹送来，但却扣下二十几匹好马不退还。贺龙因即将出发南下，准备工作千头万绪，比几匹马更为重要的事实在太多，于是此事也就不了了之。从抢马、还马、扣马的环节可以看出，蔡廷锴和他手下的部分军官与起义军的关系是很不融洽的。

8月2日，所有在南昌的起义部队整编。蔡廷锴的第十师和第二十四、二十五师合编为第十一军，第十师原辖的三个团番号、军官、士兵都保持不动。蔡本人任第十一军副军长兼第十师师长，并任军事参谋团成员。这表明共产党对蔡还是很信任的，也寄予很大的希望。

8月3日，南昌起义部队按中共中央原定计划南下广东。蔡廷锴率第十师走最左翼，作为前卫先行出发。

蔡廷锴参加南昌起义的决定是非常勉强的。现在让他率领自己的亲信部队走左翼先行出发，无疑是给了他一个脱逃的机会。

8月3日晚，第十师行军60里后宿营时，蔡廷锴将最知心的第二十九团团长张世德招来密商。蔡提出准备脱离共产党，但需要对付第三十团，因该团团长范荩以下军官都是共产党员。另外第二十八、二十九团也有一些共产党员，要及时清理。张世德长期追随蔡廷锴，对他忠心耿耿，当即表示“十二万分服从”，于是蔡决定翌日行军计划，命第二十八团为前卫，第三十团在中央，第二十九团为后卫。密令张世德率第二十九团监视第三十团之行动，向进贤前进；第二十八团到达进贤后，占领县城各城门，第三十团入城驻扎，第二十九团在城边继续监视第三十团。蔡计划已定，4日即按此计划实行。因天热行军缓慢，5日，部队才全部到达进贤。

5日上午8时，蔡廷锴命特务营在师部周围布置警戒后，下令第三十团架枪休息，让全团军官和政工人员来师部听候训话，同时从第二十八、二十九团中选定了人员接替第三十团各级军官的职位。

当第三十团团长范荩率全团军官和政工人员来到师部集合时，蔡廷锴当场宣布:“对国共分裂,其中经过是非太复杂……我不加批评。但我是一个国民党员,……为保全本师,不得不请本师共产党员暂行离开。”于是,范荩等共产党员被解除武装,软禁起来。与此同时,另外两个团的共产党员徐石林(又名徐石麟)等人也被传唤到师部扣押起来。

蔡廷锴将第十师中的共产党员扣押后,对这些人既未拷打虐待,更未伤害屠杀,而是发给川资或薪饷,予以遣送。然后蔡打电报敷衍张发奎,说“已将范荩、徐石麟等共党分子处决”。张发奎将他的电报透露出去,以致国民党的报纸也照此登载。

蔡廷锴将共产党员驱逐后,把部队开往赣东,脱离起义军。“独立”半个月后,由蒋光鼎代表陈铭枢前来牵线,蔡部即投向南京蒋介石方面。

蔡廷锴率部离开革命队伍的后果是严重的,它不仅为武汉和南京的国民党反动派诬蔑南昌起义提供了口实, 而且极大地削弱了起义部队的实力。这件事是人民军队创建初期的一个重大教训。后来中国共产党从它和其他类似的事件中吸取了教训,采取了许多措施,逐步加强了党对军队的领导,确立了“党指挥枪”的原则,从而建立起一支在共产党坚强领导下的人民军队。

(陈洪模执笔)

十五、他们从南昌起义走来

南昌起义参加者共计2万余人，目前知道姓名的有858人。他们是：

起义五位领导人：周恩来　贺龙　叶挺　朱德　刘伯承

中共前敌委员会委员：李立三　恽代英　彭湃

中共中央代表：张国焘

列席中共前敌委员会会议的：谭平山

中共前敌军委成员：聂荣臻　贺昌　颜昌颐

中国国民党革命委员会秘书长、下属各委员会主席：吴玉章　林伯渠　郭沫若　张曙时

起义军师级以上干部　19人：章伯钧　徐名鸿　蔡廷锴　廖乾五　朱克靖　董朗　阳翰笙　蔡申熙　周士第　李硕勋　贺锦斋　方维夏　欧百川　秦光远　陈恭　周逸群　徐特立　张国基　彭干臣

起义时江西省党政主要领导2人：汪泽楷　姜济寰

起义军团级干部51人，其中：包惠僧　刘泰　刘达五　孙树成　李奇中　张炽　张世德　范荩　周邦彩　郭德昭 唐震　梅龚彬　谢独开　游步仁

起义军营级干部55人，其中：刘道盛　李鸣珂　周鲂　龚楚　曹素民　黄步元　黄序周　傅杰　蔡晴川　谭衷

其他起义参加者721人。

在上述起义参加者中，新中国成立前牺牲的351人，其中：王尔琢　许祖熊　杨达　陈荫林　钟德禹　姚有光　郭亮　徐康　曾延生　邝庸　杨量衡　周其鉴　陈兆森　陈振文　胡德珍　赵天鹏　袁绍柏　陈寿山

王俊　杨石魂　温雪堂　何世昌　欧阳洛　柴水香　沈素　陈长荣　胡子寿　梁伯隆　黄剑峰　彭澎　黄日葵　裘古怀　许苏魂　朱云卿　曾昭汉　鄢日新　李国珍　罗石冰　金万邦　徐家瑾　萧以佐　萧保璜　孙一中　胡灿　柳直荀　覃苏　佘惠　王勇　王炳南　段德昌　王平章　吴鸣鹤　张元昌　高伯礼　袁德生　许瑞芳　蔡协民　韩麟符　刘连标　陈云庵　曾文辉　毛泽覃　刘畴西　李天柱　林瑞笙　夏曦　周建屏　周大根　黄道　吴亚鲁　和立中　叶辅平　周子昆　袁国平　童汉章　陈咏吾　詹子益　卢冬生　穆景周　张炎　罗占云　何正聪　李光庭　张世光

新中国成立后担任党和国家领导职务的16人：周恩来　朱德　陶铸　贺龙　刘伯承　聂荣臻　陈毅　林伯渠　李井泉　郭沫若　朱蕴山　粟裕　章伯钧　蔡廷锴　萧克　侯镜如

授予元帅军衔的6人:朱德　林彪　刘伯承　贺龙　陈毅　聂荣臻

授予大将军衔的3人:粟裕　陈赓　许光达

授予上将军衔的4人:周士第　萧克　杨至成　赵尔陆

授予中将军衔的7人：赵镕　聂鹤亭　郭化若　唐天际　彭明治　谭甫仁　谭家述

授予少将军衔的6人：王云霖　张树才　周文在　袁也烈　李逸民　廖运周

新中国成立后担任省部级党政领导职务的19人:孔原　刘希程　李一氓　宋日昌　范长江　罗髫渔　周兴　孟用潜　徐以新　唐子奇　黄霖　袁仲贤　彭泽民　曾山　雷经天　靖任秋　廖运泽　魏文伯　谭天度

其他在不同的岗位继续为革命和建设事业作出贡献的442人,其中:文强　向浒　涂国林　李郁　李何林　杨青田　杨逸棠　吴溉之　陈公培　陈文贵　陈日新　陈勉哉　林一元　姜治芳　胡毓秀　桂朴　秦元邦　徐先兆　黄野萝　萧炳章　彭文　舒国藩　詹明　谭乐华南昌起义参加者的名字，将和南昌起义一起，永远载入中国革命的史册。

附：南昌起义参加者名录（858人）

2画（2人）

丁河青　丁晓先

3画（3人）

于以振　万里浪　马汝良

4画（67人）

王平　王刚　王金　王透　王俊　王勇　王鉴　王一德　王之宇　王云霖　王友德　王文书　王世华　王平章　王尔琢　王远奇　王则鸣　王全芝　王全善　王仲一　王寿年　王志之　王宝泉　王岳斌　王国龙　王鸣皋（女）　王宗渊　王明泉　王炳南　王荣坤　王贯山　王积衡　王展程　王统昌　王海萍　王肇勋　王春华　王逸常　王植三　王景沄　王蔚垣　尤国新　戈尚治　毛存湖　毛泽覃　毛金泉　毛定方　毛维寿　文强　文于和　文南甫　文曼魂（女）　文庭尧　方闻　方步舟　方坤全　方晚成（女）　方维夏　孔原　邓兴　邓松　邓书先　邓有一　邓华堂　邓宝珍　邓毅刚　邓鹤鸣

5画（35人）

古勋铭　左纪鹤　石奎　石凌鹤　龙厚生　卢冬生　卢光楼　卢华平　卢克平　卢泽民　卢泽富　卢祥瑞　叶声　叶挺　叶涛　叶少泉　叶古衣　叶步青　叶辅平　申朝宗　冉国平　史书元　史卓元　史泗群　丘倜　丘棣华　白河　白鑫　包惠僧　兰耿　兰其华　兰醒奎　邝鄘　宁积堂　冯冠英

6画（86人）

毕士悌　吕承文　朱德　朱大桢　朱云卿　朱水秋　朱克靖　朱其

华　朱学玖　朱定清　朱剑凡　朱炳章　朱恶紫　朱蕴山　朱德清　乔自达　伍文生　伍善同　向河　向浒　向玉成　向国器　刘中　刘刚　刘英　刘伶　刘泰　刘敏　刘馨（女）刘力劳　刘九峰　刘士奇　刘子谷　刘介眉　刘仕长　刘达五　刘立道　刘占雄　刘生洵　刘连标　刘光烈　刘安恭　刘伯承　刘希程　刘明夏　刘治志　刘映轩　刘革非　刘桂山　刘桂成　刘铁超　刘得先　刘海云　刘家聚　刘景宽　刘畴西　刘楚杰　刘煜祖　刘德明　刘德蒲　刘德藩　江光栋　江海龙　江振海　江采萍　江董琴　江静宇　江德贤　汤平　汤镛　汤岳中　汤慕禹　许冰(女)　许一真(女)　许来成　许苏魂　许瑞芳　许光达　许祖熊　许继慎　阳翰笙　孙树成　孙一中　孙石侯　孙苹非(女)　孙席珍

7画(242人)

严凤仪　苏文钦　苏同仁（女）杜辉昌　巫山　杨达　杨育　杨瀛　杨子达　杨心畲　杨斗文　杨石魂　杨白虎　杨有桂　杨至成　杨先培　杨庆兰(女)　杨庆桂(女)　杨庆繁　杨青田　杨柳春　杨松青　杨宗棋　杨忠和　杨春山　杨逸棠　杨浦泉　杨高林　杨量衡　杨福禄　杨嗣震　杨辉远　杨德明　李干　李平　李业　李刚　李坦　李郁　李岫　李勃　李骏　李森　李蹊　李涛　李一氓　李二德　李山林　李万坚　李小青　李井泉　李天柱　李友桃　李文林　李文龙　李火林　李丹珊　李书文　李本刚　李白虎　李伯庸　李立三　李兰芬　李世标　李运林　李亚声　李亚民　李西庭　李连城　李连清　李光中　李光和　李光宗　李光庭　李传柱　李里文　李奇中　李国珍　李鸣珂　李昌华　李明兰　李明光　李明铨　李明富　李宗昭　李泽吾　李泽群　李春林　李春畅　李何林　李载溥　李桂生　李逸民　李逸虹　李家杰　李家源　李家焯　李硕勋　李盛崇　李曼卿　李宿庵　李楚离　李嘉仲　李韶九　吴东　吴弼　吴玉章　吴玉堂　吴亚鲁　吴寿卿　吴志忠　吴秀松　吴国扬　吴虎臣　吴鸣和　吴树隆　吴俊声　吴振声　吴高群　吴勤伍　吴维中　吴溉之

何刚　何鑫　何飞石　何正聪　何世昌　何幸福　何柏华　何振邦　何清薪　余涛　余小龙　余世雄　余成新　余庚文　余勇文　余愿学　佘惠　谷志树　谷梅武　邹努　邹范　邹琦　邹维清　邹敬芳　库马宁　宋华　宋文彬　宋绍桢　宋日昌　冷相如　冷相佑　汪洪　汪子霞　汪佑春　汪泽楷　沈素　沈仁政　沈寿桢　沈联雄　张炎　张炽　张浚　张毅　张土生　张子良　张开运　张元昌　张世光　张世德　张有余　张华丁　张余生　张启图　张杵木　张国才　张国基　张国焘　张明生　张树才　张秉权　张恨秋　张宗逊　张逵举　张济民　张海涛　张梦莹　张堂坤　张源健　张锡龙　张曙时　陈刚　陈华　陈林　陈昌　陈恭　陈俊　陈济　陈赓　陈豪　陈毅　陈毅　陈三俊　陈云庵　陈日新　陈长荣　陈公木　陈公培　陈文贵　陈玉云　陈玉昆　陈芝馨　陈叶珍　陈汉章　陈兆森（女）陈协平　陈光白　陈光烈　陈光第　陈先多　陈守礼　陈兴霖　陈寿山　陈赤峰　陈勉哉　陈位文　陈宝符　陈奇洛　陈奇英　陈季临　陈学渭　陈复初　陈觉吾（女）陈荫林　陈桂林　陈振文　陈浴新　陈敬魁　陈喜如　陈震华　阿托里斯夫斯基

8画(84人)

武光汉　范荩　范新　范长江　范衡玉　林发　林钧　林铎　林彪　林一元　林报祖　林伯渠　林空湘　林栋材　林超伯　林瑞笙　欧震　欧日章　欧百川　欧学海　欧阳洛　欧阳钦　欧阳健　卓庆坚　易在田　罗汉　罗心友　罗正发　罗石冰　罗占云　罗直方　罗采采　罗树桂　罗统一　罗纲秩　罗崇义　罗鬐渔　金万邦　周兴　周定　周济　周鲂　周大根　周士第　周士及　周小康　周子昆　周开璧(女)　周月华(女)　周文在　周介秋　周六醉　周邦采　周廷恩　周寿南　周其鉴　周郁文　周国干　周治中　周绍奇　周灵均　周建屏　周映渠　周逸群　周振汉　周振强　周恩来　周铁忠（女）周容光　周锡龄　周淮川　和中立　官柱　官隶成　郑武　郑明英　宛旦平　宛希俨　房明光　屈淼澄　孟靖　孟用潜

孟湘鉴　陆伯勋

9画(67人)

赵刚　赵屏　赵[illegible]　赵镕　赵一凡　赵天鹏　赵世藩　赵尔陆　赵精义　封亦吾（女）胡灿　胡子寿　胡天桀　胡光武　胡亮寅　胡鲁寿　胡鲁廷　胡联章　胡锦惠　胡毓秀（女）　胡德珍　南觉昆　柯良材　柳直荀　钟浩　钟玉生　钟世镛　钟邦武　钟步全　钟纬剑　钟伟椿　钟肇尧　钟德禹　钟耀彩　段潇　段炎华　段德昌　侯中英　侯镜如　饶思诚　施章　恽代英　姜衡　姜瀛　姜治芳　姜济寰　姜铁英　姜振海　洪超　洪申　祖晨　贺龙　贺昌　贺八脩　贺文选　贺光珩　贺寿彭　贺克非　贺志中　贺明全　贺学传　贺春轩　贺桂如　贺锦斋　贺遵道　姚贡斋　姚有光

10画(64人)

秦元邦　秦光远　秦雨田　秦基林　袁也烈　袁仲贤　袁国平　袁绍柏　袁德生　袁镜铭　耿凯　聂守桂　聂鹤亭　聂荣臻　莫伟　莫月英　莫荣廷　桂朴　桂步蟾　贾绍宜　夏曦　夏友生　夏自立　夏香萍　顾炎　顾浚　柴水香　徐勋　徐康　徐士品　徐以新　徐石林　徐百川　徐光英　徐先兆　徐全直(女)　徐名鸿　徐其虚　徐明高　徐宝珊　徐特立　徐家瑾　高远征　高伯礼　高语罕　郭亮　郭元建　郭德昭　郭化若　郭沫若　郭德明　郭秩辉　郭忠仁　唐震　唐振　唐天际　唐赤英　唐子奇　凌栖　凌敏猷　涂国林　涂国钦　涂凌云　陶铸

11画(83人)

黄亚　黄英　黄道　黄雍　黄霖　黄太吉　黄云谷　黄日葵　黄风卿　黄让三　黄永清　黄亚文　黄克键　黄步元　黄灵彪　黄直纯（女）黄其祥　黄厚吉（女）　黄剑峰　黄益善　黄振辰　黄振常　黄浩声　黄海如　黄野萝　黄嘉谷　萧克　萧劲　萧芳　萧卓　萧人鹄　萧大鹏　萧凤文（女）　萧凤鸣　萧以佐　萧玉卓　萧正纲　萧克允　萧志戎　萧

君玉 萧荀生 萧国华（女） 萧泽禄 萧思铎 萧保璜 萧炳章 萧觉民 萧素民 萧景子（女） 梅子乾 梅龚彬 曹诚 曹风非 曹其灿 曹广南 曹泽芝（女） 曹宗壇 曹素民 曹福海 曹光有 曹绍康 龚楷 龚楚 龚豆子 龚孟贤 龚培元 龚慕桃 崔达泉 符节 符克振 符锦惠 鹿有 鹿强成 章伯钧 章应昌 章觉民 章涤昌 梁文炯 梁伯隆 梁济超 梁鸿钧 谌贻烈 淦克鹤

12画(61人)

彭铭 彭遨 彭湃 彭澎 彭干臣 彭幼赤 彭叔陶 彭明治 彭泽民 彭学遂 彭宪松 彭哲夫 彭援华（女） 彭漪兰（女） 蒋大纲 蒋作舟 蒋睦修 蒋振修 葛天明 董朗 董方诚 董正荣 董时莲 董觉生 韩麟符 覃甦 覃光中 粟裕 程邦模 程咏吾 程俊魁 傅杰 傅大庆 傅文庚 傅光夏 傅克铭 傅维钰 傅惠忠 傅朝贞 傅曙东 舒国藩 舒昧三 童汉章 曾山 曾文辉 曾延生 曾昭汉 曾洪福 温雪堂 游邦栋 游步仁 谢义生 谢仁泉 谢玉生 谢白浪 谢光亚 谢卓元 谢独开 谢建华 谢得胜 谢尊熹

13画(16人)

鄢日新 蒙九龄 蓝裕业 赖先声 赖际发 赖谷泉 赖松柏 赖德林 雷克长 雷经天 甄博五 裘古怀 詹明 詹子益 靖任秋 褚志元(女)

14画(33人)

慕成 蔡日佳 蔡升熙 蔡协民 蔡廷锴 蔡鸿干 蔡鸿天 蔡鸿平 蔡晴川 管训庭 廖运周 廖运泽 廖快虎 廖浩然 廖乾五 谭衷 谭钧 谭新 谭天度 谭文炳 谭平山 谭亚升 谭光聪 谭军略 谭甫仁 谭奎芳 谭家述 谭勤先（女） 熊述之 熊禹九 熊顺水 熊超群 熊耀辉

15画(5人)

樊炳新　滕久忠　滕树云　颜昌颐　潘先甲

16画(3人)

薛佐唐　薛仰圣　穆景周

17画(7人)

戴志青　戴沥本　戴绍鼎　魏豪　魏文伯　魏休林　魏亮生

(肖燕燕执笔)

欢迎铁军(油画)

纪念篇

一、八一南昌起义革命旧址简介

“八一”起义纪念群由五处纪念旧址组成：南昌八一起义总指挥部、贺龙率领的第二十军指挥部、叶挺率领的第十一军指挥部、朱德创办的军官教育团和朱德旧居。共占地面积10678.7平方米，建筑面积8839.2平方米。这五大旧址记录下了南昌起义酝酿、准备、爆发和发展的全过程。

南昌八一起义纪念馆

八一起义总指挥部

八一起义总指挥部旧址位于南昌市中山路380号，前身为1922—1924年期间建成的“江西大旅社”。1927年7月下旬,参加起义的部队包租下这幢旅社,在“喜庆礼堂”召开会议,成立了以周恩来为书记的中共前敌委员会。8月1日,中国共产党发动了震惊中外的南昌起义;后又多次在此举行会议,成为领导起义的指挥中心。

1922年,在南昌颇出风头的商界知名人士、商务总会(后改商会)会董、商团团长李怡昌、绸布店老板李晋笙,伙同包祝峰及其亲友罗和仲一起,创办了当时南昌最大的,包括茶楼、酒馆和烟、赌、娼俱全的大旅社,占地面积5903平方米,建筑面积5222.9平方米。它的建成轰动了整个南昌城,成为当时南昌规模最大的高层建筑,是江西民国时期三大建筑之一。整栋楼房是一座“回”字形中西合璧砖泥建筑,坐南朝北;外观呈银灰色,采用水泥浮雕花饰;楼内则有一天井,显示中国传统建筑的格局。主体建筑共四层,整个屋顶是一个大平台，在平台的北端正中有一个二层的小楼和一根旗杆,可凭栏鸟瞰南昌全城,曾做过南昌城的消防瞭望塔之用。大楼一楼门口是账房和服务台,后厅有五间房,中间是结婚、做寿办喜事的喜庆礼堂,两旁是新房或做嘉宾休息之用。第二、三层的前厅办有中菜馆“江天酒楼”,以京苏大菜为主,兼营川浙名菜。四楼前厅开设“西江春西菜馆”,经营西餐及咖啡糕点。屋顶以露天花园为主,开设“摘星茶社”,供人宵夜晚酌。第二、三、四楼三层的中间、两旁及后厅,共有客房96间,均为旅客住宿房间。每当华灯初上,整个大楼都是笙歌盈耳,脂香四溢;门前更是车水马龙,来往如梭,是军阀豪门、达官贵人的灯红酒绿、纸醉金迷的场所。

由于江西大旅社是一个四方杂处、喧嚣复杂的混乱场所,有利于隐蔽某些行动和开展对敌斗争活动,因此,1927年南昌起义前夕,贺龙的第二十军第一师将江西大旅社包租下来,把师部设在这里。7月27日,以周恩来同志为书记，李立三、恽代英、彭湃等同志为委员的党的前敌委员会在大旅社内宣告成立，该处便成为领导南昌起义的总指挥部。现大厅右侧的9号房间就是军事参谋团办公场所，中间桌椅是为开会而临时布置的，左边陈列的四把太师椅、两张茶几和一面穿衣镜均是原物。案桌上座钟所指的时间是南昌起义打响的时刻：1927年8月1日凌晨2时。

总指挥部旧址会议大厅的座钟

新中国成立后，江西大旅社为江西省交际处使用，1954年又移交给江西省博物馆筹备处。1956年，在市区文物普查的基础上，9月成立了南昌市革命纪念遗址恢复整理办公室，月底修复江西大旅社旧址，经文化部批准，在此基础上成立南昌八一起义纪念馆筹备处，并于年底修复完其余几处旧址。1957年8月，纪念馆筹备处与江西省军区政治部、江西省博物馆筹备处在此举办了为期3个月的纪念中国人民解放军30周年军史陈列展览。1958年9月5日，陈毅元帅悄无声息地来此参观尚未公开展出的八一起义史料陈列，参观结束后，陈毅应讲解员之请，亲笔手书“南昌八一起义纪念馆”馆标。1959年1月18日，八一起义领导人贺龙重游当年指挥战斗的旧址，并和工作人员一起座谈。1959年10月1日，经过了三年筹备的八一起义纪念馆终于对外开放。1961年被定为全国重点文物保护单位。1964年11月起，由市政府拨款26万元对大楼进行大修，大修翻新了大楼屋顶北部，由瓦屋面改回平顶屋，改变前楼负载着力点，增加了一些钢筋砖梁柱，清除蚁患，抽换危梁腐柱；拆除了旧址前中山路上的六家店铺，增加了花圃，修建了一道大围墙，并在原南工剧院露天场的基础上，修了一个大的接待室。

1997年，建军70周年之际，旧址再次进行了维修，纪念馆的陈列形式也

江西大旅社
25号房间

进行了更新，采用电脑多媒体等现代化手段，再现南昌起义的战斗经过。至今已恢复的旧址陈列包括周恩来工作过的25号房间、林伯渠办公室兼卧室、会议厅、军事参谋团办公室以及起义部队警卫连、卫生队住房等。辅助陈列则有序厅和7个陈列室。陈列内容有“南昌起义的决定”、“南昌起义”、“南昌起义部队南进和井冈山会师”等三个部分。展出照片150帧，图表15个，绘画10幅，模型1座，实物70余件。其中重要的展品有：朱德用过的手枪、贺龙用过的怀表、南昌起义时慰劳起义军的捐款与回信以及喜庆礼堂中四把雕有如意图案的太师椅、两张茶几、一面大穿衣镜等。

2007年，为了迎接八一南昌起义暨中国人民解放军建军八十周年，更好地发挥南昌八一起义纪念馆作为爱国主义、革命传统教育示范基地的作用，进一步促进南昌红色旅游的发展，推动南昌现代文明花园英雄城市建设，经报请中共中央办公厅、中共江西省委批准，中共南昌市委、南昌市人民政府、南昌警备区决定实施“南昌八一起义纪念馆改扩建工程”，新建一座占地面积2005平方米，总建筑面积8673平方米的陈列大楼。同时，对南昌起义总指挥部旧址进行维修和复原陈列，恢复当年八一起义总指挥部旧址的部分室内摆设，再现八一起义时的革命气氛；并对整个八一起义纪念馆园区重新进行规划，修建一个园林广场，优化参观线路，使整个园区集纪念性、教育性、艺术性、观赏性和休闲性为一体。2007年8月1日整个园区以崭新面目对外开放。

改扩建完成后，八一起义纪念馆将成为“三基地一区一中心”：即中国人民解放军军史教育和爱国主义教育示范基地、国防教育基地、青少年教育和活动基地、4A级红色旅游经典景区以及八一起义研究中心。

贺龙指挥部

一提起“两把菜刀闹革命”，人们就会想起在中国革命历史上具有浓厚传奇色彩的贺龙元帅（1896—1969）。他原名文常，字云卿，1896年3月22日生于湖南桑植洪家关一户贫苦农民家庭。1914年贺龙参加孙中山领导的中华革命党。1916年率21名弟兄，带了几把菜刀和马刀，劈了桑植县芭茅溪盐税局，夺得十几支步枪，组织农民武装，打出桑植县讨袁（世凯）护国民军旗

第二十军军部旧址会议室

号，任总指挥。不久编入湖南护国军，任营长。1917年，在长沙曾奉以“正谊社”名义活动的中华革命党之命，参加刺杀湖南督军谭延闿的活动，失败被捕。释放后又去刺杀新任督军傅良佐，又遭失败。他认识到搞刺杀不是办法，乃返回湘西。在慈利县与投奔他的一名壮士，各拿一把菜刀干掉知县的两名护兵，夺得两支步枪，重新组织18个好汉，拉起队伍，打起湘西援鄂军第一路游击支队的旗号。1918年春，在石门县被编入湘西护法靖国军，任营长、团长。这就是闻名遐迩的“两把菜刀闹革命”的由来。

1926年，贺龙任国民革命军第九军第一师师长，率部参加北伐战争，在湖北、河南屡打胜仗，升任第二十军军长。1927年8月1日，与周恩来、叶挺、朱德、刘伯承等领导南昌起义，任总指挥，所率第二十军是起义军主力之一。现位于南昌市子固路165号的贺龙指挥部旧址，便是纪念他参加南昌起义战斗的过程和功绩。

1927年，正当国共合作的北伐战争取得节节胜利的时候，蒋介石和汪精卫相继背叛革命，大肆屠杀共产党人和革命群众。在革命低潮时期，在共产党最困难的时刻，贺龙同志毅然率部于7月下旬从九江来到南昌，参加中国共产党领导的南昌起义，并成为南昌起义的主力部队之一。

1927年8月1日凌晨，一声枪响划破了南昌城寂静的夜空，战斗打得最激烈的是进攻敌军总指挥部。当时，敌第五方面军总指挥朱培德正在庐山参加反共会议，盘踞在敌军总指挥部的警备团，是朱培德手下的精锐部队。它与贺龙率领的第二十军的指挥部仅仅一街之隔，在街心有一座高达十二三米的鼓楼。由于事先得到叛徒告密，战斗一打响，敌军就以密集的火力，封锁了起义军的必经之路——鼓楼。这时，贺龙、刘伯承、周逸群亲临第一线指挥战斗，战士们冒着敌人的枪弹奋不顾身地爬上民房屋顶，强占了制高点鼓楼，居高临下向敌人猛烈射击，把一部分敌人压缩在敌军总指挥部的院子里。敌人仍然负隅顽抗。贺龙军长又指挥起义军的另一部分迂回到敌军总指挥部的侧背，翻墙跳入院内，前后夹击，迫使敌人全部缴械投降。

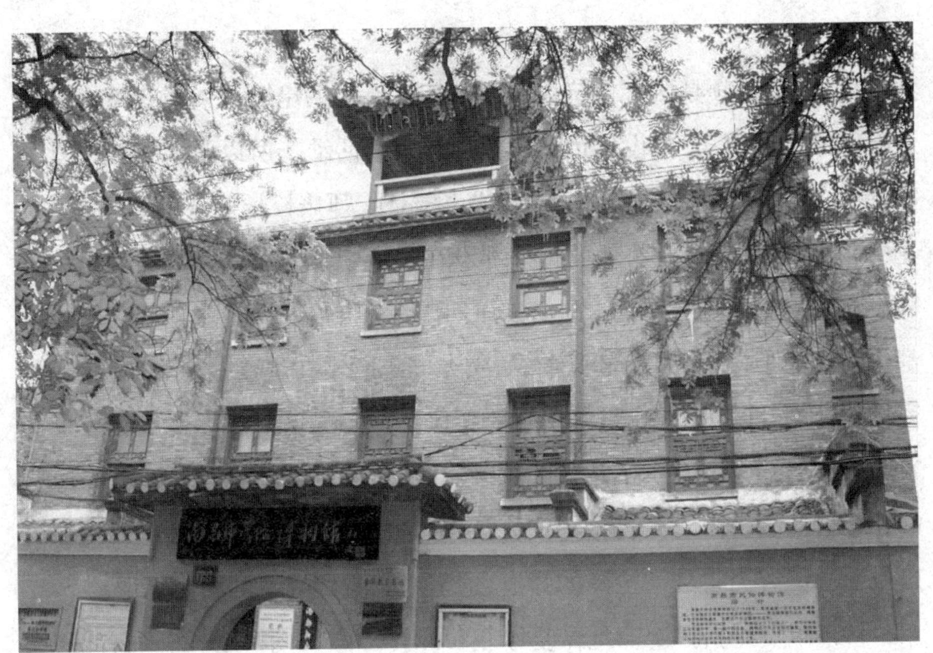

贺龙指挥部旧址

贺龙同志率领部队打败了南昌城内最强大、最顽固的敌人。

南昌起义胜利后，贺龙同志又一次向党组织提出了入党的要求，1927年9月，中国共产党前敌委员会采纳周恩来、周逸群的提议，鉴于贺龙同志在南昌暴动表现的真诚合作精神和入党的迫切要求，批准他加入了中国共产党。贺龙同志的党员登记表，现陈列在南昌八一起义纪念馆内。1959年，贺龙同志来纪念馆参观时，深情地回忆他入党情形时风趣地说："有人说我要求入党几百次，那是假的，但十几次总是有的。因为我是军阀，所以入党特别难，党要考验我，始终没有批准我的要求。早在周逸群带宣传队到我们部队工作时，有一次我去找他，发现他正在一个房间里主持入党宣誓仪式，宣誓入党的都是我的部下。事后我就对他说：'老周啊，门不要关得那么死嘛，也让我进去嘛！'"从这段朴实的话语中，我们不难发现当年贺龙同志对党的忠诚和入党的迫切心情。

贺龙指挥部旧址院内占地面积1482平方米，建筑面积843平方米。原为中华圣公会的宏道堂及其主办的宏道中学校址，建于1916年，均为坐东朝西的砖木结构，颇具西方传统风格。当年临街的主建筑是一幢有飞檐和钟鼓亭阁的三层楼房，内设传道和做礼拜等宗教活动场所以及学校的课堂和教师办公室。主楼后面一幢三层西式小楼是牧师兼校长刘屏庚的住宅。贺龙部队来到南昌后，便将他的指挥部设在宏道中学内。军部的各个机关分别设在主楼教室和礼堂内。贺龙、刘伯承、周逸群以及其他一些起义领导人都住在西式小楼里。八一起义前夕，贺龙同志经常在小楼接待革命同志，研究作战计划，并在此举行过多次重要会议。7月30日下午，在这里召开了军官会议，发布起义命令，下达作战任务。8月1日凌晨，贺龙、刘伯承、周逸群站在小楼前的台阶上亲自指挥攻打敌军总指挥部的战斗。大楼三层临街窗口至今还留有当年敌人枪弹的弹痕，这是当年激烈战斗的历史见证。

1977年贺龙指挥部旧址恢复原貌，并对外开放，同时复原陈列有贺龙、刘伯承的卧室，第二十军军部会议室、会客室等。在一楼大厅设有辅助陈列“贺龙元帅生平展”。

现在的贺龙指挥部旧址，同时也是江西唯一的专业性民俗博物馆——南昌市民俗博物馆。宗教、战争、革命与民俗交融，这座楼更像是一座城市的缩影。由于靠近滕王阁，这里成为中外游客来南昌的必到之地。

叶挺指挥部

人们常常把南昌起义的部队称作叶贺部队。贺是贺龙，叶就是叶挺(1896—1946)。叶挺，字希夷，广东惠阳人。是著名的军事家，中国人民解放军创建人之一。1919年初，叶挺投身孙中山领导的民主革命，同年加入中国国民党。1921年任孙中山陆海军大元帅府警卫团第二营营长。1922年6月16日，粤军总司令陈炯明叛变围攻总统府时，叶挺率部在前院英勇抗击，打退叛军五次进攻，掩护孙夫人宋庆龄脱险。1924年叶挺赴苏联入东方劳动者共产主义大学和红军学校学习。同年加入中国共产主义青年团，12月转入中国共产党。1925年9月回国，任国民革命军第四军参谋处处长，不久调到以共产党员为骨干的第四军独立团任团长。叶挺独立团不仅在战斗中打出了“铁军”的威风，而且培养了一批革命军事骨干。1926年5月，叶挺率部参加北伐，担任先遣队。在讨伐军阀吴佩孚的战斗中，他发扬猛打猛冲猛追的精神，长驱直入，连战连捷，在湖北汀泗桥与贺胜桥等战役中屡建奇功，被誉为“北伐名将”。1927年3月，叶挺被提升为第十一军第二十四师师长。5月，夏斗寅发动武装叛乱，妄图乘蒋介石发动反革命政变之机，颠覆武汉政府。叶挺临危受命，担任平叛前敌总指挥，率部平息叛乱。6月，叶挺任第十一军副军长，仍兼任第二十四师师长。8月1日，叶挺任前敌总指挥兼第十一军军长，与周恩来、贺龙、朱德、刘伯承等一起领导南昌起义。现坐落在南昌市苏圃路1号的心远中学内的叶挺指挥部旧址，就是为了纪念叶挺和“铁军”在南昌起义中的不朽功绩。

叶挺指挥部旧址是一幢“工”字形的两层砖木结构楼房，坐北朝南，占地面积421.5平方米，建筑面积843平方米。这座楼房建于1925年，是当年熊育锡开办的心远中学校舍之一。1927年7月下旬，叶挺率国民革命军第十一军第二十四师从九江来到南昌后，正值学校放暑假，叶挺将司令部设在此

第二十四师师部旧址会议室

处。该楼楼上是军部办公室、会议室和电话总机房，楼下是警卫部队住房。两棵葱茏的大树，犹如卫士般守卫在楼前。1927年7月30日下午2时，叶挺在这里召开了第二十四师营以上及师直机关的军官会议，传达党的武装起义决定，部署战斗任务。起义中，叶挺指挥的第二十四师所向披靡，连战皆捷，又一次显示了“铁军”的威力。起义胜利后，叶挺兼代起义军前敌总指挥兼第十一军军长，这个指挥部也就成了整编后的第十一军军部。

新中国成立后，心远中学易名为南昌市第二中学。1977年人民政府修缮了这栋“工”字楼，使其基本上保持了原貌。2007年，在八一南昌起义暨中国人民解放军建军八十周年之际，又对旧址进行了全面维修，并恢复了起义时部分房间的摆设，再现了当时的革命氛围。同时，在旧址内陈列有《南昌起义中的国民革命军第十一军》《叶挺将军生平展》等两个展览部分，较全面地展示了叶挺同志南昌起义时的历史功绩。

叶挺指挥部旧址

任何一支军队的历史都有着继承性，如同子体都脱胎于母体。尽管1927年8月1日的南昌起义是共产党独立领导的军队正式诞生日，但此前的叶挺独立团奠定的组织基础，和北伐时期在武昌城下等一系列血战中积累的战争经验，都是不可或缺的，叶挺对我军的历史贡献也是不可磨灭的。正因为此，1941年1月，国民党发动皖南事变时，立即扣押了奉命前来交涉的叶挺，先后在上饶、重庆、恩施等地监禁了五年零两个月。叶挺在狱中坚贞不屈，为表心志而书于渣滓洞集中营二号牢房壁上的一首《囚歌》，永远激励一代又一代共产党人：

为人进出的门紧锁着，为狗爬出的洞敞开着，一个声音高叫着——爬出来吧，给你自由！

我渴望自由，但我深深地知道——人的身躯怎能从狗洞子里爬出！

我希望有一天地下的烈火，将我连这活棺材一齐烧掉，我应该在烈火与鲜血中得到永生！

国民革命军第三军军官教育团

北伐战争后期，随着国民党右派的反动面目逐渐暴露，中国共产党越来越意识到抓紧培养大批军事人才的重要性。不久，中共中央军事部和国民政府指派朱德来南昌工作。由于国民革命军第三军在北伐战争中伤亡甚大，军长朱培德准备扩充部队，需要大批军官。当他得知他的老同学朱德来南昌时，极为欢迎，并授命朱德筹建第三军军官教育团。

朱德授命后，立即选定永和门内的原江西陆军讲武堂和陆军测绘局的旧址，为军官教育团团部；并从第三军和第二十军中抽调几十名军官来团部工作，聘请一些社会名流任教员。与此同时，中共中央通过国民政府秘书长吴玉章的关系，推荐了一批中共党员和国民党左派人士来军官教育团从事政治工作。朱德任军官教育团团长，刘增佑任副团长，魏仅均任党代表兼政治部主任，陈奇涵任参谋长；陈澍（后为陈麟辉）任副官处长，赵铸任总务

军官教育团旧址

处长，华春生任军需处长，李文龙任医务处长；罗展、万里浪等任军事教官，曾天宇、邵式平等任政治教官；李正弟任第一营营长，李荣家任第二营营长，李硕华任第三营营长，左继権任机炮连连长。

1927年1月，朱德将招募的1000多名学员编为3个营、9个中队(连)。将原滇军的连排级军官学员放在第一营，原滇军的中士、上士衔士兵学员放在第二营。这两个营的学员绝大多数受国民革命的影响，倾向进步，其中还有个别中共党员。第三营的学员，大部分是江西各县来南昌投考的知识青年。同年2月28日，军官教育团正式开学。

第三军军官教育团名义上由第三军军长朱培德领导，实际上受中共中央军事部领导，成为中国共产党培养军事干部的学校。在军官教育团中，先后共发展了300多名中共党员。

军官教育团以政治教育为主，军事训练为辅。政治教育主要是讲授孙中山的新三民主义，三民主义和共产主义的关系，联俄、联共、扶助农工的三大政策，反对帝国主义、反对封建主义的政治路线，中国历史和世界历史等。军事训练注重提高学员的身体素质和部队的战斗力,以步兵操典为教材严格训练,进行班、排、连建制的进攻、防卫、遭遇、转移等多种野外演习,特别强调小型战斗群的游击战术,授以地形判断、敌情侦察、轻便桥梁架设等技能,使学员能达到营级指挥官的要求。在教学方法上,注重理论联系实际,实行听大报告、分班讨论、实际操练相结合。对学员的思想教育,以说服为主,尊重学员的民主权利,严禁打骂学员。军官教育团内官兵平等,都是革命同志,没有高低之分。在生活上,官兵同甘共苦,服装一致,同吃大食堂。

随着军官教育团教学的深入,学员们由课堂、操场转到社会,由小课堂走向大课堂,参加了南昌反击国民党右派的斗争,部分学员还被派往江西各地协助农运。1927年6月中旬,朱培德开始反共。为缩小目标,保存力量,朱德将第一、二营学员提前毕业。第三营学员在参加南昌起义后编入起义军第九军,南下广东。后来经过艰苦转战,到达井冈山,与毛泽东领导的秋收起义部队会师,成为中国红军的一个组成部分。

在南昌创办的军官教育团,是朱德投身革命后为党培养革命军事骨干的一项重要活动,也是我党创建时期的一件大事。朱德把教育团办成了革命的大熔炉,有力地推动了江西人民革命斗争的不断高涨。

现位于南昌八一大道376号的第三军军官教育团旧址,占地面积2617平方米,建筑面积1469平方米,原是江西讲武堂所在地。整个旧址坐北朝南,是一个园林式砖木结构的平房院落。旧址内,中间一排房屋,将院落分为前后两个小院,各部分有走廊相连。从平面图上看,全部房屋大致呈“[illegible]”字形分布。前院植有冬青、桃树;后院稍大,种有枣、柚、石榴、木芙蓉、冬青,还有一株枝繁叶茂的九里香。整座大院庄严肃穆、布局合理,是一座颇具特色的军事人才教育场所。

1954年,朱德曾亲临旧址视察,并在当年使用过的办公桌上挥毫写下了“发扬革命传统,努力学习马克思列宁主义,把我国建设成为一个伟大的社会主义国家”的题词。

1956年，该旧址恢复原貌，并对外开放。目前复原陈列有朱德团长的办公室兼卧室、军官会议室。辅助陈列有“朱德同志创办的第三军军官教育团”，通过33张照片、1幅油画、1幅题词展现了当年军官教育团的风采。

朱德旧居

朱德，字玉阶，1886年12月1日生于四川仪陇县一个农家，1976年7月6日在北京逝世。

朱德少年时下田劳作并读过私塾，后在新学堂读书。21岁时考入四川高等学堂附设体育学堂，毕业后回县城当了体育教员。1909年夏，入川军步兵标（相当于团）当兵，基本训练完成后升任队（相当于连）部司书（文书）；因在步兵标工作成绩优异，于同年11月被推荐报考云南陆军讲武堂。朱德在讲武堂秘密加入同盟会，参加了辛亥革命活动。

朱德毕业后，在滇军中由少尉排长干起，在讨袁和军阀混战中一直升至少将旅长，名震川滇。当时他与别的将领不同，对黩武争权深感厌倦，喜好音乐，在家中广泛接待青年军官及学生，并读过《新青年》等杂志。

1921年，朱德主动离开月收入大洋数以千计的军界，外出学习。翌年，朱德到上海见到孙中山，提出革命不能靠与军阀结盟。他又见到陈独秀，提出加入中国共产党。一个旧军队的将军想入党，这使当时的中共中央领导人大感惊讶，尽管鼓励朱德追求进步，却未同意。

1922年秋，朱德乘船赴欧，到德国学习战术，并研究社会主义理论。在那里，他见到了周恩来。同年11月，经张申府、周恩来介绍加入了中国共产党，积极从事革命活动，后被德国政府逮捕并驱逐出境。1925年下半年，朱德又入莫斯科东方劳动者共产主义大学学习了几个月，并在军训班学习。当时他提出回国后打仗时，“打得赢就打，打不赢就走”，“必要时拖队伍上山”。他的说法令苏军的教官惊讶。

1926年夏，朱德回到中国。遵照党的指示，于1927年1月来到南昌，包租了花园角2号，利用国共合作的形势，借助他在滇军中的老关系创办了国民革命军第三军军官教育团，并担任国民革命军第五方面军总参议兼第三军军官教育团团长和南昌警备司令、公安局长，为发展和保护革命力量做了大量的工作。同年6月下旬，被朱培德"礼送"出境，去了武汉，7月下旬重返南昌，再次租住花园角2号。他利用与第三军上层军官的旧情，探明敌方兵力部署，为起义军迅速准确地出击，做了大量的准备工作。随后又与江西省委一起组织群众欢迎叶挺"铁军"，为部队寻找驻地；并在起义的当晚遵照

朱德旧居

前委的决定，巧妙而有效地牵制了敌团长，从而削弱了敌军的指挥力量，使敌军不堪一击，保证了起义的顺利进行。起义胜利后，朱德对这几个敌团长又做了动员工作，动员他们参加起义部队，动之以情，晓之以理，其中的卢泽民团长跟随朱德部队南下，在朱德第九军任副官处长。

现位于南昌市民德路东段花园角2号的朱德旧居，占地面积255.2平方米，建筑面积462.2平方米。原是一座私人住宅，为砖木结构的两层小楼房。

整个楼房坐西朝东，老式青砖外墙，雕花飞檐悬于门楣，两扇大门，内有前后两个天井，中间为厅堂，南北两侧各有六间厢房。楼上楼下基本相同，各个房间以木板为墙隔开，是典型的江南民居。原建于20世纪20年代。1927年初，朱德任南昌军官教育团团长时，包租了这栋房子，居住于此。旧居的一楼北侧是朱德的卧室，南、北前房及正房是警卫员的住房。1927年3、4月间，北伐军总政治部副主任郭沫若，曾在这所住宅的楼上住过，并在这里撰写了《请看今日之蒋介石》等讨蒋檄文。1927年7月下旬，周恩来肩负着组织和领导起义的重任，从武汉来到南昌的第一天起，就直抵朱德家中，当晚便住在这所住宅的厅堂里，和朱德一起商讨研究起义的有关问题。抗日战争时期，这栋房子曾被炸塌一个角，修整过两次，日本人还曾在此养过马。

20世纪70年代，政府将这栋房子买了下来，并于1977年将该旧址恢复原貌对外开放。旧居里天井洞开，给人以肃静、庄重之感。大厅内悬挂着朱德的照片，放有一套桌椅。同时还对外开放周恩来住过的厅堂和朱德卧室等。在天井两侧设置了辅助陈列“南昌起义中的朱德同志”，并通过有关照片展示了朱德在南昌起义时的形象。

1999年南昌市政府决定将花园角4号、6号内住户全部迁走，房屋交八一起义纪念馆维修保管。现总占地面积为433.96平方米，建筑面积为819.62平方米。

2002年8月，南昌市对朱德旧居进行了陈列更新工作。工作分为两大块，一块是在花园角2号布置复原陈列，在原有复原陈列的基础上进行充实提高；另一块就是在花园角2号的连体建筑花园角4号布置一个以朱德为主题的陈列，主题为《红土地上的朱德》，内容分五个部分：受命赴南昌，巨浪涌豫章，南下为先锋，转战上井冈，情系红土地。这个陈列以朱德在南昌、在江西的革命活动为主线，采用现代高科技展示手段，着力渲染革命前辈的丰功伟绩；有大幅气势磅礴的电脑喷绘组画《运筹决策》，表现周恩来在旧居与朱德商量起义准备工作的情形；还设有观众可主动参加的阅览台等。

在八一南昌起义暨中国人民解放军建军八十周年之际,南昌八一起义纪念馆对朱德旧居进行了全面维修,并恢复了起义时的摆设,再现了当时的革命氛围。同时,在旧居内重新设计制作了《红土地上的朱德》展览。

（王小玲执笔）

二、八一南昌起义纪念塔

在中国革命史上，南昌起义播种的革命火种遍及全国，为中国工农红军、八路军、新四军和人民解放军的发展壮大奠定了坚实的基础。中华人民共和国成立后授衔的十大元帅中，有六位是参加过南昌起义的，十名大将中有四位是参加过南昌起义或加入过南昌起义部队的。1933年7月11日，中华苏维埃共和国临时中央政府根据中央革命军事委员会6月30日的建议，决定将8月1日作为中国工农红军成立纪念日。从此，每年8月1日就成为中国工农红军和后来的中国人民解放军的建军节。“八一”也几乎成为南昌城市的特殊名片和商标，有八一大道、八一广场、八一公园等等。特别是矗立在南昌市中心人民广场的南端，总高达45.5米长方体的八一南昌起义纪念塔，更是南昌城的标志性建筑，被誉为英雄城的城徽。每当夏季雷雨，当年枪声杀声似乎震荡其间。

1957年8月1日，江西省人民政府在当时的老福山街心花园举行了八一南昌起义纪念塔奠基仪式，后因“三年自然灾害”等原因一直未予兴建。直到1977年，省政府再次做出决定，要在建军50周年之际开工兴建八一南昌起义纪念塔。经过设计人员多方考察论证，认为纪念塔应易址人民广场（八一广场）。当时人民广场四周宽广，将纪念塔放在广场上不仅使塔的观瞻效果更佳，还增加了人民广场的政治效果。最后经省市领导部门同意，1977年8月1日纪念塔在人民广场隆重开工，于1979年1月8日周恩来总理逝世3周年之日落成，以此怀念周总理在八一起义中的卓越功勋。从1957年8月1日奠基，到1977年8月1日开工，历时20年。为纪念前人建造纪念塔所做的努力，将老福山街心花园中的奠基石安放在纪念塔内，并在塔的第一层南面平台旁花坛上镌刻“1957年8月1日奠基”(东侧)、“1979年1月8日竣工”(西侧)字样。

八一南昌起义纪念塔占地1.7公顷,塔身基座有27个台阶,意指一九二七年。正北面镌刻着叶剑英元帅题写的“八一南昌起义纪念塔”九个铜胎鎏金大字,下嵌“八一南昌起义简介”花岗石碑。其他三面是“宣布起义”、“攻打敌营”、“欢呼胜利”三幅大型花岗石浮雕,真实地再现了当年场景。顶部是由一枝花岗石雕汉阳造步枪和一面迎风飘扬的用红色花岗石拼贴八一军旗组成。军旗上的红色花岗岩是当年解放军战士从济南运来的。这些红色花岗岩是厂家专供人民大会堂建筑使用的,因为这种颜色是全国最好的,既显得庄重大方,又有气派,只有济南才有。为此江西省委打报告,中央免费送了150平方米。塔身两侧各有一片翼墙,嵌有青松和万年青环抱的中国工农红军旗徽浮雕。整个塔身庄严、肃穆,令人心中涌起仰慕之情。

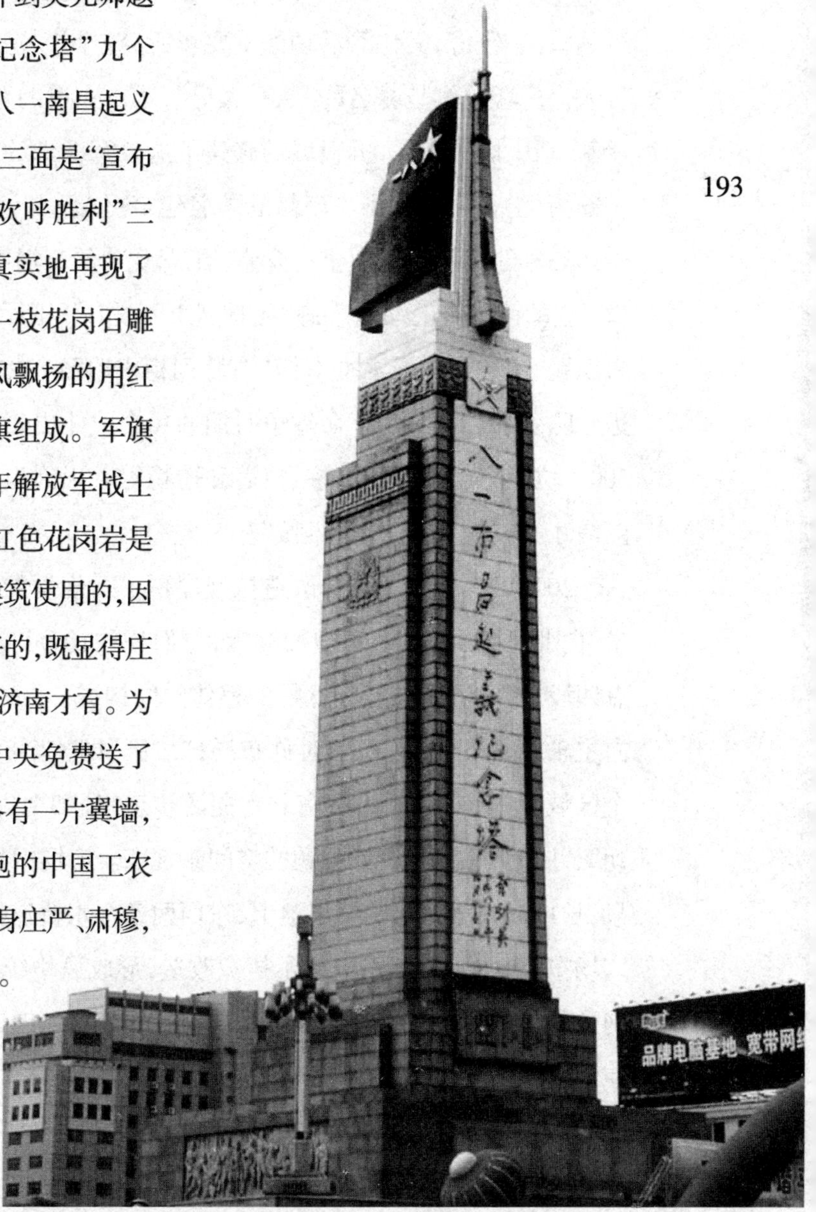

八一南昌起义纪念塔

纪念塔周围有13米宽的游览环道，东、西两侧为花木相映的绿化带，北面在2003年前，是由四块正方形的草坪组成，为八一广场。在南昌人心目中，八一广场是个典型的政治、文化广场。1949年以前，这里还是一片荒芜，自1952年建设以来，南昌人民几经改造，把它建成了一个绿草成茵、华灯成行的政治、经济、文化等活动的重要场所。整个广场达8万平方米，能容纳10万人。广场西侧是著名的"八一大道"，八一大道的路基原是南昌旧城墙的墙基，新中国成立后，拆毁城墙修建了这条宽60米的十里长街，号称南昌的长安街。沿街两边有不少南昌的著名建筑。位于八一大道北段，还有一座建于1953年的江西革命烈士纪念堂。纪念堂前的广场中心有一座红军战士塑像。堂的前厅有毛泽东手迹"死难烈士万岁！"；正厅祭坛上立有纪念碑，由朱德题字"革命烈士永垂不朽！"；陈列柜中珍藏有25万余革命烈士名册，两边厅陈列第二次国内革命战争时期的10个战斗史迹，二楼和三楼还陈列了300多位烈士生平斗争事迹、遗著和遗物等。正因为有如此多的革命特色，南昌才会被世人称为"英雄城"。

2003年八一广场综合改造拉开序幕。新规划的八一广场向南扩展110米，向北延伸60米，中间增加36米，总面积约10万平方米；由"一轴二区，三点四段，八一恒辉，时间交融"的整体空间构成。"一轴"即以纪念塔为南北向主轴线，采取左右基本对称布局；"二区"即整个广场分为纪念和休闲两个区域；"三点"即以两条南北走向游步道串联3个以"缅怀历史"、"相聚今朝"、"展望未来"为设计主题的空间景观点。广场中央地带建有大型组合喷泉，长100米、宽20米的喷泉池上，东西两条金水桥连接纪念区和休闲区。对广场东、南、北3条道路进行了拓宽改造，形成风格统一、交通流畅的环行路网。整个广场按统一的规划布局，高档次、高起点地进行美化、绿化和亮化，使之成为集纪念性、群众性、休闲性、娱乐性于一体的标志性广场。

在八一广场综合改造中，最引人注目的是八一起义纪念塔主体改造工程。改造后的八一起义纪念塔比原塔高了8.1米，即为53.6米。新改造的纪念塔的军旗,加了一道20厘米宽的白边,同时旗杆宽度也增加了20厘米,使得整个军旗比原来宽了40厘米;现在军旗使用的是“四川红”,其颜色比以前的济南红色花岗岩更亮丽。纪念塔军旗上的镰刀、斧头代表着工农的子弟、工农的兵、工农热爱子弟兵。旗座下围绕的“万年青”图案改为“井冈杜鹃”,孕育着井冈山精神。正面的军徽由汉白玉制成,与塔身、旗座的汉白玉质材形成的庄重效果相互辉映、连为一体;塔身上叶剑英元帅题字经过特殊工艺的处理后,每字线性(高度)较原来增加了20%,厚度由原来的4厘米增加到6厘米。新的纪念塔军旗与塔身的连接处用许多“八一”连成一个“长城”,材料比以前要更精细。第二层原先塔座上镌刻的“1927—1977”,现改为“1927.8.1”,更有利于人们追忆那段红色历史;雕刻工艺也由阴刻改为阳刻,光学效果更好。阶梯的长度走一周,大概有5200米,一个小时走不完。此外,设计者特别在纪念塔上、下分别设置了七层灯光,使得晚上的纪念塔塔身显得明亮通透、军旗更为鲜红亮丽,增强了纪念塔的时代感。新八一南昌起义纪念塔充分体现了“以人为本”的原则,原来纪念塔下3米多高的台阶,改造后只有2米多高,采取“跌宕”式,为的是方便大家上下游览,避免摔跤。新设计的纪念塔,克服了以前塔的表面难以清洗的困难,特意在塔柱上面设立了天沟,让雨水能顺利地从天沟中排出。改造后的八一南昌起义纪念塔,在基本风格保持不变的基础上,以更雄伟、更挺拔、更靓丽的身姿展现在世人面前。

（王小玲执笔）

三、八一建军节的由来

1927年8月1日爆发的南昌起义，具有划时代的历史意义。它不仅打响了武装反抗国民党反动派的第一枪，也标志着中国共产党独立领导武装斗争和创建人民军队的开始。鉴于当时斗争形势的残酷复杂，1927年8月3日至5日，起义部队根据中共中央的预定计划，先后撤离南昌，挥师南下，取道临川、宜黄、广昌、瑞金，又经福建汀州、上杭和广东大埔，主力部队直奔广东潮汕地区，9月下旬占领了潮州、汕头。10月初，起义军主力遭到优势敌军的围攻，大部分被打散，一部分突围到了海陆丰，与当地的农民武装汇合。另一部分起义军在朱德率领下，在三河坝与敌激战三天三夜后，经赣南、粤北转入湘南，开展游击战争。1928年1月在湘南地方党组织和农民武装的配合下，发动了湘南暴动。同年4月到达井冈山与毛泽东率领的部队胜利会师，正式组成中国工农革命军第四军，后改称工农红军第四军。这之后数年间，中国共产党经历了艰难的斗争岁月，部队也一直处在动荡不安的游击战环境里；直到1931年底，中央革命根据地进入了巩固阶段，红军才安定下来。1933年初，党中央迁入中央苏区，全国红军发展到10万余人。1933年6月26日，苏区中央局根据中央革命军事委员会的建议，作出了《中央局关于“八一”国际反战争斗争日及中国工农红军成立纪念的决定》，提出开展广泛的纪念活动。巧合的是，因1914年8月1日爆发的第一次世界大战，致900多万人死于战火之中，为此共产国际决定把每年8月1日作为“国际反战争斗争日”。这样，苏区军民把纪念国际“八一”与纪念国内“八一”巧妙地结合在一起，形成了我军辉煌节日的诞生。

1933年6月30日，中央革命军事委员会在瑞金正式颁布了《关于决定八

紅色中華

第九十五期

人民委員會第四十五次會議

中央政府關於「八一」紀念運動的決議

中央政府关于八一纪念运动的决议

一为中国工农红军成立纪念日》的命令。命令说，南昌起义“是英勇的工农红军的来源”，中国工农红军“是彻底进行民族革命战争的主力，本委会为纪念南昌暴动与红军成立，特决定自1933年起，每年8月1日为中国工农红军成立纪念日”。同年7月11日，中华苏维埃共和国临时中央政府作出了《关于八一纪念运动的决议》，“规定以每年‘八一’为中国工农红军纪念日”。就这样，“八一”建军纪念日的庆祝活动在苏区各地展开。此后，该纪念日又被改称为中国人民解放军建军节。每逢“八一”，都要开展拥军优属的活动。

（王小玲执笔）

四、“八一”军旗的由来

军旗，誉称军魂，既是鼓舞将士团结战斗的旗帜，是军队荣誉、勇敢和光荣的象征，更是国家武装力量的象征。

中国人民解放军于1927年8月1日建军。当时，南昌起义部队沿用原国民革命军番号，称为“国民革命军第二方面军”。井冈山会师后，朱德和毛泽东两支部队合编为“中国工农革命军第四军”。1928年5月25日，中共中央发出51号通告，规定各地工农革命军统一改称为“中国工农红军”。抗日战争开始后，第二次国共合作。1937年8月25日，中共中央军委发布中国工农红军改编为国民革命军第八路军的命令；同年10月，经过国共谈判达成协议，又将江西、福建、广东、湖南、湖北、河南、浙江、安徽八省的红军游击队改编为国民革命军陆军新编第四军；早在1936年2月，坚持东北抗日斗争的人民革命军和其他抗日武装合编为东北抗日联军。抗日战争胜利后，从1946年9月起，各解放区部队陆续使用“人民解放军”的称谓，这一称谓沿用至今。

红军时期，军旗的基本形式是红旗正中设置五角星，五角星中心设锤子和镰刀标志。但由于部队分散，中央红军和各地红军的军旗形式并不完全统一。此后改称的八路军、新四军、东北抗日联军也未重新设置军旗。直到1948年冬，在全国解放战争即将取得全面胜利的时刻，中共中央军委和解放军总部领导在河北省平山县西柏坡讨论军队正规化问题时，才提出统一军旗、军徽的问题。确定由军委副主席周恩来主持军旗、军徽的选定工作，并由黄镇牵头组成设计小组，起草征集图样通知，发往各野战军和总部各部门。经过三个多月的征集，设计小组从征集到的方案中，预选出30多幅并制成样本，送交周恩来和中央领导人阅选。当时毛泽东、刘少奇、朱德等同志看了样本后,都认可了用红底、旗上有五角星,象征解放军是中国共产党领导的人民军队的军旗方案。毛主席还说:“军旗上要有‘八一’两字,表示南昌起义是建军的日子。”周恩来强调,军旗要以红色为主体,星和字要用黄色,旗杆要有红黄二色旋纹,顶部要装上一个红缨枪的矛头,饰以红穗,象征人民军队的由来。

1949年5月,中央军委在北平西山正式审定了军旗样旗。并于6月15日,由中国人民革命军事委员会主席毛泽东和副主席朱德、刘少奇、周恩来、彭德怀联名颁布中国人民解放军的军旗、军徽样式。同日,新华社向全世界播发了解放军启用新军旗的消息,并发表了《把人民解放军的军旗插遍全中国》的评论。社论强调:“人民解放军的军旗和军徽,不但是人民解放军的标志,也是我们的人民民主的新国家的重要象征。从此,全国的人民和全国的人民解放军,都必须一致保卫它的尊严,要像爱护我们自己的生命一样来爱护它。”

(王小玲执笔)

五、“南昌起义打响了反抗国民党反动派的第一枪”提法的由来

目前，史学界凡是涉及对南昌起义的评价问题，一般都采用“南昌起义打响了反抗国民党反动派的第一枪”的提法。然而这一提法的形成也是经历了一个漫长的历史过程。

1955年9月29日，中共中央、中央军委在北京怀仁堂举行元帅军衔授衔仪式后，陈毅元帅对贺龙元帅开玩笑说：“元帅阁下，当初您在南昌同叶挺打响第一枪时，可曾想到当元帅。”这是迄今为止所见到的南昌起义与“打响第一枪”联系在一起的最早的记载。

1967年5月，在北京的陆海空三军造反派贴出大字报，声称要把9月9日的秋收起义，定为人民解放军的“建军节”。中国人民解放军代理总参谋长杨成武得知这一情况后，迅速到中南海向毛泽东汇报，并请求如何办理和解决。毛泽东听后毫不犹豫地对杨成武说：“‘八一’不能改，这是很重要的一天，打响了反对国民党反动派的第一枪。”并要杨成武将这段话的内容向周恩来总理汇报。周恩来在听取了杨成武的汇报后，又把毛泽东的话归纳为“南昌起义打响了反对国民党反动派的第一枪”。同年7月30日，杨成武在庆祝中国人民解放军建军40周年招待会上的致词中宣读了周总理概括的这一内容。第二天，《人民日报》《解放军报》和《红旗》杂志分别发表社论纪念建军40周年，这些社论中均有这样一段话：

“1927年8月，在国民党完全叛变革命之后，在以毛主席为代表的正确路线战胜了陈独秀的右倾机会主义路线的条件下，在毛泽东思想的指引下，八一南昌起义打响了反对国民党反动派的第一枪。”由于这一提法较明

确地确定了南昌起义的历史地位和作用，所以从20世纪70年代以来，史学界在评价南昌起义的书籍和文章里很多都采用了“南昌起义打响了武装反抗国民党反动派的第一枪”的提法。

（王廉官摘自《历史学习》）

六、“八一奖章”与“八一勋章”

八一奖章是授予中国人民解放军在工农红军时期后期（1935年9月30日至1937年7月6日）参加革命战争有功人员的奖章。具体规定是，授予1935年10月20日以后参加第一方面军、1936年9月30日以后参加第二方面军和第四方面军、1935年9月30日以后参加陕北红军和红军第二十五军的连级以下人员。以表彰革命功绩、发扬光荣传统。该奖章由中华人民共和国国防部根据国务院的批准授予。

八一勋章是授予中国人民解放军在中国工农红军时期（1927年8月1日至1937年7月6日）参加革命战争有功人员的勋章。共分三级：一级授予当时师级以上干部；二级授予当时团级和营级干部；三级授予1935年10月20日前参加第一方面军、1936年9月30日前参加第二方面军和第四方面军、1935年9月30日前参加陕北红军和红军第二十五军以及1937年7月6日前坚持各地游击战争和参加东北抗日联军的连级以下人员。以表彰革命功勋、发扬革命传统。该勋章由中华人民共和国主席根据全国人民代表大会常务委员会的决议授予。

（王小玲执笔）

七、话剧、京剧、电影、油画《南昌起义》

八一南昌起义，作为一个历史事件不仅为史学家所研究，而且以话剧、京剧、电影、油画等各种艺术形式再现，给人们留下深刻的印象。

最早将南昌起义搬上舞台，重现南昌震惊中外一幕的，要数江西省话剧团1958年创作并演出的话剧《八一风暴》。当时的江西省话剧团编了一部名为《第一面红旗》的话剧，并在洪都电影院首演，取得了轰动效果；之后由刘云、余凡、雪草、张刚和江西省话剧团共同创作，改名为《八一风暴》，前往各地演出。1959年，贺龙元帅观看了该剧后，在思想性与艺术性上给剧本作了一定的评价，并提出该剧要体现“加强党的领导”。于是，剧组决定在剧本中增加一个名叫“方大来”的人物，即以周恩来总理为原型。1959年国庆前夕，剧团来到了北京，应邀参加国庆十周年献礼演出，受到了周总理的接见和赞扬。1979年，该剧再度被邀请进京，参加国庆三十周年献礼演出。为此，剧组人员又改了一次剧本，所有的原型都是真名，“方大来”也改成了周恩来，“督察长”也改成了朱德。该剧获创作、演出三等奖。

话剧《八一风暴》于1958年8月1日由江西省话剧团在南昌首演，1959年《收获》第四期上发表了《八一风暴》剧本，1960年还出版了单行本，1977年人民文学出版社又出版了修订本。剧本以1927年8月1日中国共产党领导发动的南昌起义的历史事实为依据，描写在蒋介石和汪精卫相继叛变革命、疯狂屠杀共产党人和进步人士的形势下，由党代表方大来和师长杜海龙领导的铁军，进驻南昌，准备举行武装起义。蒋介石为了消灭铁军，派出特派员顾仲君与当地反动军阀魏其元勾结，企图镇压铁军。方大来和杜海龙在党的领导下，团结铁军广大指战员，批判了陈涛的右倾机会主义路线，粉碎了敌人的种种阴谋,终于胜利地举行了武装起义,打响了武装反抗国民党反动派的第一枪。全剧矛盾冲突尖锐,情节曲折,扣人心弦,并且成功地塑造出方大来、杜海龙、赵毓、高震山、朱楷等性格鲜明、各具特色的正、反面人物形象。

20世纪50年代末到60年代初,话剧《八一风暴》曾辉煌全国、饮誉中外。全国除总政等话剧团竞相上演外,京剧、评剧等十余个剧种,数十个戏曲剧团也纷纷改编上演。其中影响最大的要数由张家口京剧团移植成革命现代京剧《八一风暴》。

新中国成立以后,京剧如何用古老的传统艺术形式来表现现代生活,成了京剧界讨论和探索的新课题。革命现代京剧《八一风暴》在运用京剧传统艺术形式表现现代生活上做了大胆的革新和创造。

1959年,张家口京剧团首次排演了由范凡、陈文远、陈利华、李鹤鸣、关玉峰等根据同名话剧改编的京剧《八一风暴》。谁也没有想到,这出戏一如它的名字一样,在全国掀起了观看该剧的“风暴”。1963年8月20日,此剧在北京全国政协礼堂演出,周恩来总理观看了演出并接见全体演职员。周总理在观后接见演员时还指出:“为京剧表现现代生活开了一个路子”。李少春、裘盛戎、袁世海、杜近芳、张君秋等京剧名家也观看了此剧。著名戏剧家曹禺看后高兴地说:“真是一出好戏。”自1959年至1965年该剧先后在国内12个省市巡演了898场,移植者更是不计其数。这在当时几乎成为一个神话。

京剧《八一风暴》在当时确实为京剧的改革起了不小的推动作用,从今天的视角来看,也有可供吸收、借鉴的地方。它的成功,在于整个演出洋溢着高度的革命热情,给观众以极大的感染;在于塑造了众多革命英雄的光辉形象,给观众留下深刻的印象;更重要的是运用京剧艺术形式作为表现现代生活的手段获得了成功。它又一次地证明了京剧可以表现现代的生活、现代的重大革命题材和革命的英雄人物。

1981年,八一南昌起义又被上海电影制片厂搬上了银幕,摄制成彩色宽银幕故事片《南昌起义》。

影片以广阔的历史背景,描绘了1927年"大革命"失败后各个阶级、阶层人物的矛盾与斗争,概括了整个时代的社会历史风貌;热情洋溢地歌颂了周恩来、朱德、贺龙、叶挺、刘伯承等为创建党所领导的人民军队,向武装的反革命打响了第一枪的丰功伟绩。影片由李洪辛、吴安萍、徐海秋、周大功编剧,汤晓丹导演,沈西林摄影,主要演员有孔祥玉、高长利、刘怀正、李显刚等。编导者较好地把握了历史的脉络,通过艺术的概括和创造,达到了历史的真实与艺术的真实的统一,在用故事片样式表现重大历史事件方面取得了较高的成就。影片获得文化部1981年优秀影片奖和1982年第二届中国电影金鸡奖最佳服装奖(曹颖平)。

由于南昌起义在中国革命史上具有重大而深远的意义,因而许多画家也以此为题材创作了自己一生的代表作。最具代表的就是现陈列于中国革命博物馆的油画《南昌起义》。它的作者有两位,一是莫朴,一是黎冰鸿。

《南昌起义》题材的油画最早是莫朴先生作。

莫朴(1915—1996),南京人,1933年上海美专毕业。曾任浙江美术学院(现中国美术学院)教授、院长,全国文联委员,中国美协常务理事,浙江美协主席。

1957年,莫朴为纪念建军30周年美展而创作的《南昌起义》(178cm×256cm,油画),是一幅标准的历史画,它如实地描绘了中国现代史上著名的历史事件"南昌起义"及其领导人周恩来、朱德、贺龙、叶挺、刘伯承、恽代英等历史人物。作品通过光,塑造了一个历史性的宏大场面,乌云翻滚的天空与中心的明灯,铅块一般的凝重与振臂高呼的沸腾,互相间形成强烈的张力。就在黑白暗亮的互为交织的层次中,作者塑造了一个个生动的人物形象。表现南昌起义的画卷很多,但将这黎明前的第一枪以绘画本身的朴直凝重的结构性语言表现出来,并形成历史真实力量的,当数这一幅《南昌起义》。此画一经完成便悬挂在南昌八一起义纪念馆内。同年，莫朴先生在“反右”运动中蒙冤，作品展出后即被打入冷宫，一时不知去向（后来才知道由中国人民革命军事博物馆收藏）。但当时部队的领导指示，南昌起义是一个不可或缺的军事时期，必须有相关的作品来表现。于是两年后的1959年，同样是浙江美院的油画家黎冰鸿又再度创作绘制了一幅《南昌起义》（180cm×230cm，中国革命博物馆藏）。从这以后，大家在南昌八一起义纪念馆、中国革命博物馆看到的《南昌起义》油画均为黎冰鸿先生所作。莫朴先生平反后，他的作品重新挂回了墙上。

黎冰鸿（1913—1986），广东东莞人，原名黎炳康。生于越南鸿基的华侨家庭。20世纪30年代在香港从李铁夫学油画。1937年在内地从事抗日宣传工作，1946年任新四军华中建设大学教授，1953年调浙江美术学院，先后任油画系主任、副院长。黎冰鸿的水粉组画《爆破英雄——王光明》曾参加“第一届全国美展”。

油画《南昌起义》是黎冰鸿一生的代表作。背景为南昌起义总指挥部门口，即当时的江西大旅社门口。起义领导人周恩来、贺龙、叶挺、朱德、刘伯承等会见起义部队。作者灵活运用西洋画明暗法和中国画渲染法，生动地再现了周恩来等老一辈无产阶级革命家发动南昌起义的场景。

（陈红涛执笔）

八、开国元勋重访军旗升起的地方

合影时，周恩来说："还是年轻人站在前排，站当中，你们是接班人嘛，接班人站前面。"

1961年9月18日，周恩来在江西省委第一书记杨尚奎的陪同下，来到八一起义纪念馆视察。

周恩来身着一件褪了色的灰色中山装。他精神饱满，神采奕奕。省交际处的负责人曾反复叮嘱大家，不要抢着与总理握手，因为总理的手在战争

周恩来参观八一馆

年代负过伤。可是当周恩来一下车，他便与八一馆每一个工作人员一一握手，还使劲地抖几下，就像电影里的那种样子，大家都十分感动。

周恩来向总指挥部旧址大楼边走边说："南昌起义都几十年了，这房子还是老样子"；"在北京时，有人说我住在这里，我说我没有住。不过，这个地方我很熟悉，当时经常在这里开会和工作"。

八一起义前夕，周恩来是悄悄乘轮船来到南昌的。抵昌的第一天晚上是住在朱德的住宅——花园角2号，第二天搬到系马桩附近的一所学校，也是朱德联系的。前敌委员会开会和指挥起义，也都在这所学校。

周恩来深情地说："朱德同志在南昌起义时，是一个很好的参谋和向导"，"他为起义部队寻找驻地，与敌军上层人物交往，掌握敌情，为起义战斗的顺利进行做了大量的工作"；"我还记得当年朱德住宅的样子"。

接着，周恩来参观了会议大厅、军事参谋团办公室。当年前敌委员会就在会议大厅（即喜庆礼堂）成立，军事参谋团的参谋长是刘伯承。

周恩来说："当时没有人任军事参谋团主任，我就指定刘伯承同志来做参谋长。他起初谦虚，不肯答应，后来我说一定要你来做，他才担任参谋长职务。"又说，"起义时，刘伯承同志所起的作用也是很大的。"

当看到贺龙指挥部旧址模型时，周恩来说："是这样的，贺龙同志的指挥部是两层楼房。贺老总就是住在后院的小楼房里。我和张国焘、廖乾五等都到贺龙的指挥部去过。"

一名工作人员问："起义之前，您曾与贺龙同志有过一次会晤吧？"

周恩来笑着说："那是1927年7月28日。在这前一天的前敌委员会会议上，已决定由贺龙担任起义军的总指挥，我是去告诉他这个决定，并征求他的意见。"

周恩来把前委的决定告诉贺龙时，贺龙斩钉截铁地表示："我完全同意举行武装起义，坚决服从共产党的决定。"

后来，贺龙在江西大旅社的凉台上对徐特立说："张发奎怕失败，我不怕失败,南昌暴动无论成功与否我都干。如果失败了,我就上山。”对于当时还不是共产党员的贺龙来说,这实在是难能可贵。

周恩来说:“鉴于贺龙同志对共产党的坚定信仰,起义军南下途中,我们吸收他加入了中国共产党的组织。”回顾历史,周恩来深情地重申当年说过的话,“贺龙是个好同志。”

当看到叶挺指挥部照片时,周恩来说:“叶挺同志的指挥部是设在姓熊的开办的一个学校里,是叫心远。我住的地方离他很近,离贺龙住的地方较远。”

一名工作人员插话道:“现在这里是南昌市有名的第二中学。”

周恩来点点头继续回忆:“叶挺同志率领的铁军是一支非常著名的能战斗的部队。北伐期间,共产党员、共青团员就在部队中起了重要作用,从广东打到武汉,所向无敌。铁军来到南昌参加起义时,受到南昌人民的热烈欢迎,送茶水的、帮助运输的、张贴欢迎标语的,场景非常热烈感人。”

一名工作人员问:“听说蔡廷锴差点在叶挺指挥部被扣留,有这么回事吗?”

周恩来说;“我记得起义的当晚,在叶挺的司令部开会,讨论蔡廷锴的问题,他不同意起义。贺龙主张将蔡廷锴扣留起来。后来他答应随我们一道起义,会议才结束。但是在往抚州开拔的中途,蔡廷锴还是开小差做了逃兵。”说到这里,周恩来客观地评价道,“从历史上总的来说,蔡廷锴还是一个抗日爱国将领。1932年日本侵犯时,他领导的十九路军曾和上海人民一起进行抗战,还在1933年建立福建省人民政府,并逐步转到与共产党合作的立场。建国后,曾任中央人民政府委员,政协全国委员会副主席,民革中央副主席,总的来说还是与共产党合作的。南昌起义时他有顾虑,我们是可以理解的。在他脱离起义部队后,张发奎发电报给他,要他就地枪决第十师中的范孟声、徐石林等四名共产党员。他托人向这四人转达他的意见说:‘张发奎太无人情,蔡愿保留今后合作余地。’蔡廷锴派小船远送四人避难,并每人发给一些盘缠。”

在陈列室中有一幅国画，是起义胜利后群众庆祝大会的场面。周恩来看后说：“我没有在群众大会上讲话。当时我们忙得很，在准备出发的事情。而且当时党的负责人都比较隐蔽，一般不公开抛头露面。公开出面的是贺龙、谭平山。我们一般不去群众多的地方。我们还需打国民党的旗帜，这样较有号召力，可团结更多的人。”

在参观到第四陈列室时，周恩来第一次谈到了自己。他感慨地说：“当时也是没经验，只晓得生搬硬套苏联的经验，国际指示要建立根据地，而我们只想建立城市根据地，搞大城市起义，先后在上海、南昌、广州搞了三次。上海武装起义，是工人起义，失败了；南昌起义，是军队起义，也失败了；广州起义，是工人与军队结合的起义，还是失败了。工人、军队起义都试验过了，都失败了，还没有认识到要搞农村起义。”又说，“我们走了，人民群众是不高兴的。建立农村革命根据地，以农村包围城市，当时只有毛主席提出来。其他人对这一路线不明确，甚至有的怀疑，有的反对。关键问题在井冈山，没有井冈山的斗争就没有今天。宣传南昌起义一定要讲到井冈山。”

参观之后，周恩来到休息室参观了字画题词。尤其是陈毅的题词，他看得特别仔细。负责摄影的同志端起照相机，留下了这永恒的一瞬。这张照片，现在纪念馆展出。

临走前，周恩来在总指挥部旧址大门口与八一馆全体工作人员一同合影。大家都请总理站在前排当中，周恩来却说：“还是年轻人站在前排，站当中，你们是接班人嘛，接班人站前面。”

大家推辞不过，只好依从了总理，站到了前排，而周恩来却站在后面。

周恩来的轿车启动了。纪念馆大门外围聚了不少的群众，都翘首望着纪念馆院内。这时，小车的窗帘被拉开，玻璃被摇下，周恩来向围在纪念馆周围的群众亲切地挥手致意。围观的群众激动万分，纷纷喊着：“周总理好！”向总理不停地招手。

小车已经走远,围聚的群众却久久不愿离去,此情此景令人难忘。一位亲历此事的老人由衷地赞叹:“周总理真不愧是人民的好总理。”

一九六一年春节,朱德来到南昌八一起义纪念馆

1961年初,75岁高龄的朱德先后视察了上海、浙江、福建、江西、广州等地,于2月13日抵达南昌,与英雄城人民一起欢度新春佳节。2月16日,农历正月初二,朱德偕夫人康克清,在杨尚奎的陪同下,视察八一起义总指挥部大楼、军官教育团旧址。

沿着熟悉的道路,朱德来到八一馆,他感慨地说:“你们在短短的时间里,收集了这么多文物资料,很不容易呀!”

看着一件件展品,朱德思绪万千,回忆道:“我是1926年从莫斯科回来的。11月我到武汉见到党中央的同志时,他们一致要我来江西工作,因为坐

朱德参观八一馆

镇江西的总指挥朱培德是我在云南讲武堂的同学和护国军的同事,可以利用关系开展工作。到南昌后,我就着手创办第三军军官教育团,后又兼任南昌公安局长。”

有同志问:“起义前,您曾以请客名义,逮捕了两个敌团长,是真的吗?”朱德笑着说:“有那么一回事,这也是起义作战计划的一部分。”

关于起义时间,朱德说:“起义部队在9时左右就开始行动了,因为有一个副营长叛变,走漏了消息,所以起义时间就提前了。军官教育团的学员有三个连参加了起义,公安局没有多少人参加。”

陈列柜中有一支手枪,枪柄上刻着“南昌暴动纪念朱德自用”等字。朱德看着枪,说:“这支枪是我用的,这种德国造的手枪,当时我有两支,战斗中就用它,后来我刻了几个字,一直带在身边,直到全国解放,才把它交了出来。”

杨尚奎说:“这支枪的意义很不平常。它从南昌开始打响,直到全国解放,现在又回到了南昌。这是历史的见证呀!”

朱德说:“是的,因为拿起了枪,我们才能推翻国民党反动派的统治。胜利来得不容易呀!”

当参观到周恩来的办公室时,朱德说:“起义时党的领导人是周恩来、张国焘、谭平山等人。张国焘开始是反对起义的,但大家都坚决主张起义,他没办法,只好同意起义。”

当参观到起义部队南下广东的陈列时,朱德说:“当时还想争取张发奎,但他没有跟我们来,另有两支部队,武汉警卫团和教导师(即邓演达的第二方面军教导团),没有赶上起义,后来一个上了井冈山,一个参加了广州起义。”

讲解员说:“每当我们向观众介绍您在天心圩的讲话时,观众都很受感动。”朱德笑了笑,说:“那个时候真困难呀,与中央失去了联系,部队的目的地在哪里也不清楚,队伍很涣散,开小差的很多。这时,我把一些同志请来,向大家讲了几句心里话，'只要有十几、二十几个人，我也要干下去，中国革命是一定会胜利的'。会后，大家的情绪高多了，坚持干下去的有七八百人。"

参观结束，时间已近中午。在休息室，朱德兴致勃勃地看了一些领导同志的题词。随后朱德又到军官教育团旧址参观，他说："房子还是老样子，室内陈列大致是这样。"

与我们分别时，朱德又亲切地对纪念馆的同志说："以后到北京，如果有机会，我想找一些老同志回忆一下，写点东西给你们。"

1962年6月，朱德与陈奇涵、杨至成等谈话，并整理出"从南昌起义到上井冈山"的回忆文章。

贺龙默默地数着当年墙壁上的弹痕："一个、二个、三个……"

1959年1月16日，贺龙在中共南昌市委第一书记郭光洲、市长张云樵和江西省军区参谋长李国良的陪同下，参观了国民革命军第二十军指挥部、朱德任南昌公安局长时的办公室和八一起义总指挥部旧址。

上午9点钟，贺龙首先来到子固路小学（即第二十军指挥部旧址）。

贺龙从孩子们正在上课的教室外面走过，穿过小园门，走进礼堂。贺龙看了看，笑着说："这是战士们开会的地方，还是原来的样子，没有变。"

贺龙走进当年的卧室和办公室。这里已经恢复了原来的布置，办公室里放着几张藤沙发椅，墙角安了一部老式的手摇军用电话，桌上放了一套贺龙用过的瓷茶杯；会议室有一张小圆桌，铺着白纱织的花台布，摆着10把红漆椅子。1927年7月31日下午，贺龙在这里召开了营长以上的军官会议，宣布了起义计划。

卧室有一张帆布的行军床，一张书桌和一个书架。工作人员指着每一件陈列请贺龙鉴定。贺龙说："那时手工业不发达，桌上没有织花台布"，"会议桌子是长方形而不是圆形的"。在卧室里，贺龙亲自把行军床移向了书

贺龙参观八一馆

架,并说:“我的习惯是床头靠近书架,晚上拿书看方便。”随后,他又拿起一个青铜小烛台,问,“你们知道这是干什么用的吗？”有人说是放笔的,有人说是烟灰盒。贺龙笑着说:“这是放蜡烛的。那时南昌下半夜没有电灯,就用这个。”

贺龙坐在藤沙发上,继续回忆说为什么他的指挥部要设在这里:“这里离牛行车站不远,一过江就到了;离敌人第五方面军的总指挥部和省政府很近,仅两三百公尺,而且地点正中,非常合适。”

在操场的围墙上,钉着两块说明牌,一块写着“贺龙同志在此开过会”。贺龙指着说明牌说:“三十一号下午四点,我把营以上的指挥官都找来了,在这里开了个会。我讲了四条:一是国民党叛变了革命,国民党已经死了;二是只有跟着共产党走,中国革命才有希望,共产党是人民的救星;三是现在要在党领导下举行武装暴动,解放人民;四是我已经下决心跟党走了,愿意跟党走的,可以留下继续一起革命,不愿意的也可以走。”说到这里,贺龙笑了,“结果大家都愿意跟党走,参加武装起义。”

另一块说明牌上写着“贺龙同志在此指挥战斗”。贺龙说:“这样介绍不全面,在这里指挥战斗的,还有刘伯承、周逸群同志。那时,我还不是党员,他们代表党来第二十军工作,帮助我,改造这支部队。刘伯承同志是起义军的参谋长,逸群同志是我的入党介绍人。这场战斗是我们在一起指挥的。”

当走出第二十军指挥部旧址大门时,贺龙看了一下当年激战留在二楼窗口的弹痕,默默地数着“一个、二个、三个……”然后笑着说:“是起义那天晚上打的。”

接着,贺龙又来到八一起义总指挥部大楼旧址。

上到二楼,在周恩来曾经办公的房间,贺龙轻轻地踱步,深情地看着室内的每一件陈列,然后在沙发上坐了下来。他微笑着,心情无比愉快地谈起了周恩来:“起义是党领导的,而代表党来领导起义的是周恩来同志。恩来是党、军事、革委会的实际主要负责人,从大政方针到某些细小问题,差不多都要找恩来同志,他最忙。在介绍起义领导者的时候,主要应很好地反映他的活动,这样,才符合历史事实。”

在回忆入党的经过时,贺龙说:“有人说我要求入党几百次,那是假的,但十几次总是有的。因为我是军阀,所以入党特别难,党要考验我,始终没有批准我的要求。早在周逸群带宣传队到我们部队工作时,有一次我去找他,发现他正在一个房间里主持入党宣誓仪式,宣誓入党的都是我的部下。事后我就对他说:‘老周啊,门不要关得那么死嘛,也让我进去嘛!’”说到这,贺龙脸上露出了微笑,“最后,在南下的路上,在瑞金绵江中学,我终于如愿以偿,加入了中国共产党。”

在恽代英同志遗像前,贺龙默默地注视了很久。他说:“起义时,代英最受欢迎,南下时,好多地方都请他去做报告。他很能干,报告鼓动性大,感染力强。”他又轻声叹道,“可惜了啊,可惜了啊。”

陈毅挥毫题写“南昌八一起义纪念馆”

1958年，八一馆正在筹建，陈列仅对内开放。纪念馆的领导都已外出，大部分工作人员也赴外地学习，馆里只剩下几名讲解员值班。9月5日这天，陈毅乘车悄悄来到八一馆，和普通观众一起参观，没有人注意到他的到来。

陈毅看得很仔细，并不时地指点着墙上的照片与秘书轻声交谈。在一幅照片前，陈毅停下了脚步。这是一幅参加南昌起义的部分同志在皖南云岭新四军军部的合影照片。陈毅轻轻地把照片从墙上取下来，一个一个地指点着照片上的人给秘书看，并用四川口音很重的普通话念出他们的名字。这引起了工作人员的注意。一位讲解员迎上前去，请陈毅再说一遍。陈毅说：“你去找张纸，拿支笔来，我给你们写。”

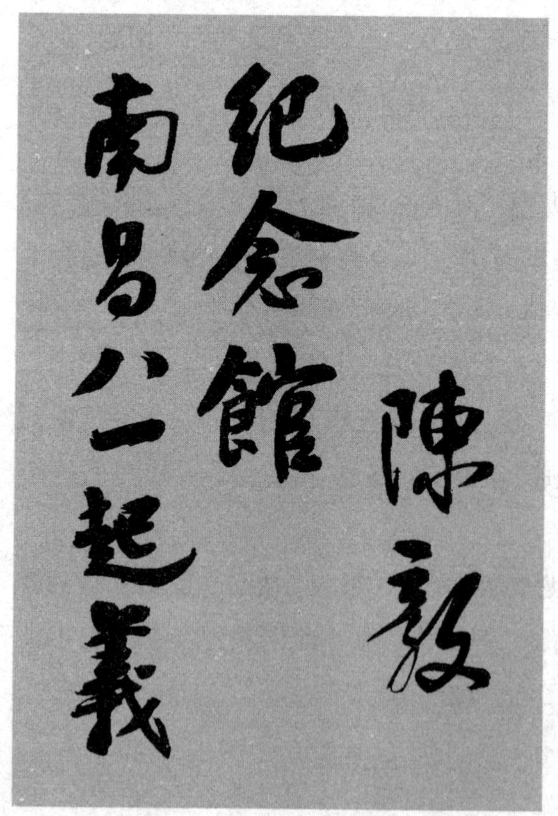

陈毅亲笔为南昌八一起义纪念馆题写的馆名

陈毅将一张写好的名单交给讲解员，说：“给你们存档作个参考。”讲解员非常高兴，随后与陈毅边参观边聊了起来。

陈毅问：“为什么不开放？可以开放嘛。”

讲解员：“还在筹备。”

陈毅说：“到省委去，我帮你们讲(指找省委书记杨尚奎，杨曾是陈的部下)，要他们开放。”

讲解员激动地说：“真的？那可就太好了！”

参观完毕，讲解员像往常一样请陈毅在题词本上留言。陈毅兴致很高，稍思片刻，便挥笔疾书，洋洋洒洒，一口气写了200多字。最后落款“陈毅”。

“陈毅？”“您是陈副总理！”讲解员恍然大悟，说：“陈副总理，给我们写个招牌吧。”陈毅欣然同意，挥毫写下了“南昌八一起义纪念馆”几个刚劲有力的大字。陈毅的题字后来被作为南昌八一起义纪念馆馆标。

郭沫若说：“我这一生与南昌可谓有缘……”

1965年7月5日，郭沫若偕夫人于立群，在江西省副省长李世璋的陪同下到八一馆参观。当时因正在维修，为了安全起见，纪念馆的同志建议郭老不要入内参观。郭沫若踌躇片刻，遗憾地同意了。

八一馆的同志陪同郭沫若先后参观了贺龙指挥部、军官教育团等旧址。在军官教育团参观时，郭沫若仔细地看了军官教育团的介绍牌，觉得有点文法欠妥，如其中有一句：“围剿蒋介石宪兵团留守处的留守枪械。”他指出：“枪械怎么可以被围剿呢？”

离开军官教育团，郭沫若准备去花园角2号朱德旧居参观，但负责保卫工作的同志劝阻，因那里事先未布置警戒。郭沫若坚持要去，负责保卫的同志只好让步。车子停在民德路与花园角巷交叉路口，郭沫若很想下去看看。这时负责保卫的同志再次劝阻，说：“我们要对您的安全负责。”于立群说：“让他下去嘛，他又不是唐僧，吃他一块肉可以长生不老。”郭沫若不好再为难负责保卫的同志，没有下车，只在车上看了看。八一馆的同志指着花园角2号，问道："您还记得吗？"郭沫若边看边说："记得，记得，我记得里面是木质结构，我在楼上住过三四天。在这里我还碰见朱德夫人。我问她：'你认得我么？'她说：'怎么不认识，你是吹号的。'说完，她便大笑。"

郭沫若接着说："朱德夫人误以为我是吹号的；没错，的确我是吹过喇叭，做过蒋介石的传声筒。"

"那是在1926年底，我第一次到南昌来。当时我以政治部副主任的名义，跟随蒋介石在南昌待了半年，负责行营政治部和江西的政治工作。蒋介石的宁波口音许多人听不懂，而我是天生的大嗓门，所以开起大会，蒋介石讲一句，我就举着传声筒替他传达一句。这样也就难怪朱德夫人误以为我是吹喇叭的了。"

郭沫若继续回忆道："我这一生与南昌可谓有缘，继那次替蒋介石做了半年的传声筒之后，1927年3月底和1927年8月初，我又先后到南昌两次。"

"1927年3月底，我脱离蒋介石以后躲到南昌来，这是我第二次来南昌。进了南昌城，我便一直跑到东湖边朱德同志的家里——就是这儿(花园角2号)。我在这里住了三四天，与朱德夫人那段有趣的谈话便是那时说的。那几天，我写了《请看今日之蒋介石》《敬告革命战线上的武装同志》两本小册子。这是我的讨蒋檄文，我以自己的亲身经历揭穿蒋介石的假面具。不久，蒋介石就在全国到处通缉我。"

"1927年8月初，我第三次到南昌。当时我同李一氓等人在九江接到八一起义的消息，连夜坐着手摇车兼程赶到南昌参加八一起义。幸好赶得及时，我们第二天就随部队南下了。"

说到这儿，郭沫若停顿了一下，八一馆的同志插上一句："这样算起来，前面您提到的三次，加上现在这一次，您总共到过南昌四次了。"郭沫若点了点头，以深情的目光注视着花园角2号这幢小楼。

参观后回到江西宾馆，八一馆的同志请郭沫若为八一馆题词，郭沫若欣然同意。

后来，人们从《沫若诗词选》中看到这样一首诗，这是郭沫若当天晚上在江西宾馆写下的：

洪都三十八年前，革命风雷震九天。
争取工农新领导，掀翻日月旧山川。
井冈直比昆仑峻，锦水竟同延水连。
八一大桥八一路，东风万里赣江边。

（肖燕燕执笔）